Reden zur Hochzeit

Reden zur Hochzeit

MIT TEXTBAUSTEINEN UND REDNER-SCHULE

Herausgegeben von Thomas Wieke

Im FALKEN Verlag sind zum Thema „Reden und Feste" zahlreiche Titel erschienen. Sie sind überall erhältlich, wo es Bücher gibt.

Sie finden uns im Internet: **www.falken.de**

Dieses Buch wurde auf chlorfrei gebleichtem
und säurefreiem Papier gedruckt.

Der Text dieses Buches folgt den Empfehlungen des DUDEN Praxiswörterbuchs für die Regeln der neuen deutschen Rechtschreibung. Auch Zitate aus Werken, die noch in der alten Rechtschreibung veröffentlicht wurden, sind dem neuen Regelwerk angepasst worden. Eine Ausnahme bilden lediglich Texte, die aus historisch-kritischen Ausgaben zitiert werden, sie folgen in Schreibweise und Lautgestalt der Quelle.

Die Musterreden in diesem Band stammen von Simone Harland, Andrea Rodat, Fritz-Hans Rückel und Rembert von Samson.

ISBN 3 635 60636 7

© 2000 by FALKEN Verlag, 65527 Niedernhausen/Ts.

Umschlaggestaltung: Rincón^2 Design & Produktion GmbH, Köln
Redaktion: Thomas Wieke, Wiesbaden
Koordination: Winfried Schindler
Herstellung: Horst Bachmann

Satz: FROMM MediaDesign GmbH, Selters/Ts.
Druck: Freiburger Graphische Betriebe GmbH, Freiburg

817 2635 4453 6271

Inhalt

Vorwort 7

Sie haben das Wort! Kleine Rhetorik-Schule 10

Für die große Hochzeitsfeier 34
Rede des Brautvaters (1) 34
Rede des Brautvaters (2) 37
Rede der Brautmutter 39
Der Vater des Bräutigams spricht 41
Die Mutter des Bräutigams spricht 44
Ansprache eines „Trauzeugen" 46
Der Großvater der Braut spricht aus Erfahrung 48
Die Großmutter des Bräutigams gratuliert 51
Eine Schwester der Braut gratuliert 53
Ein Bruder der Braut gratuliert 55
Eine Schwester des Bräutigams spricht 57
Ein Bruder des Bräutigams spricht 59
Eine gute Freundin der Braut spricht 61
Ein guter Freund des Bräutigams spricht 63
Ein Verwandter spricht über die Ehe 66

Zur zweiten oder weiteren Eheschließung 69
Der Sohn des Bräutigams spricht bei der Hochzeit
eines reiferen Paares 69
Die Tochter der Braut spricht bei der Hochzeit eines
reiferen Paares 71
Ein Freund des Bräutigams spricht 73
Ein „Trauzeuge" spricht zur Wiederverheiratung 75

Kurze Tisch- und Begrüßungsreden 77
Toast des Brautvaters 77
Toast der Brautmutter 78
Toast des Vaters des Bräutigams 79
Toast der Mutter des Bräutigams 80
Eine Schulfreundin der Braut spricht 81
Ein Onkel gratuliert 82
Eine Tante gratuliert 83
Verabschiedung in die Flitterwochen 84

In Reim und Vers 85
Eröffnet wird ein neues Spiel 85
Glückwunsch aus Kindermund 88
Trinksprüche 89
  Es beginnt ein flotter Zweier 89
  Am schönsten ist der Hochzeitstag 90
  Sonnenschein an allen Tagen 90
  Wer das große Los gewinnt 90

Module, Zitate und Gedichte 91

Vorwort

Dieses Buch soll Ihnen helfen, eine schwierige Situation zu meistern. Sie sollen eine Rede halten. Die Hochzeit der eigenen Kinder, eines Angehörigen oder nahen Freundes steht vor der Tür. Man hat Sie gebeten, „ein paar Worte" zu sagen. Und genau diese „paar Worte" zu finden, entpuppt sich als Schwierigkeit.

Sie nehmen also dieses Buch zu Hilfe. Aber der Autor des Buches befand sich selbst in einer schwierigen Situation. Es enthält Mustertexte für Reden, Ansprachen und Vorträge. Wie geht man damit um? Kann man für etwas so Individuelles wie eine Laudatio, eine Festrede, eine Glückwunschansprache überhaupt verbindliche Modelle, im engsten Sinne des Wortes mustergültige Vorgaben – oder auch nur Vorschläge – machen? Und: „Wer überhaupt lernt reden aus dem Papier, aus der toten Schrift? Hören muss und gehört werde, wer sprechen lernen will." Das sagte Adam Müller 1812 in der ersten seiner „Reden über die Beredsamkeit und deren Verfall in Deutschland". Und dieser Grundsatz verdient es noch heute, beherzigt zu werden.

„Hören muss und gehört werde, wer sprechen lernen will"

Die Vorgabe der Musterreden, -ansprachen und -vorträge könnte die Empfehlung nahe legen, die Muster einfach – mit einigen notwendigen Änderungen und Anpassungen – aus gegebenem Anlass vorzulesen. Das können Sie natürlich tun, aber ich empfehle es nicht. Denn grundsätzlich gilt, eine Ansprache ist keine Vorlesung. Wenn Sie dem Sinn dieser beiden Worte – Ansprache und Vorlesung – nachgehen, werden Sie auf unterschiedliche Kommunikationsstrategien stoßen. In der

Zum Umgang mit Mustertexten

Verschiedene Arten der Kommunikation

anschließenden Kleinen Rhetorik-Schule erfahren Sie, wie Sie mit diesen unterschiedlichen Kommunikationsstrategien umgehen können und welche Wege es für Sie gibt, anlässlich der Hochzeitsfeier einen Text zu formulieren, der Ihre Zuhörer – im wörtlichen wie im übertragenen Sinne – anspricht. Auf den folgenden Seiten wird sich Ihnen das Geheimnis der fünf Elemente einer wirkungsvollen Rede enthüllen. So einfach ist das?, werden Sie sich vielleicht nach der Lektüre fragen. Und dann werden Sie vielleicht feststellen, dass Ihre Reden doch immer noch nicht zu Ihrer (und des Publikums) voller Zufriedenheit ausgefallen sind. Ich kann Ihnen nicht versprechen, dass Sie der perfekte Redner sind, wenn Sie die Kleine Rhetorik-Schule durchgelesen haben. Aber ich bin sicher, dass Sie ein paar Fehler weniger machen und bestimmte Ängste und Befürchtungen nicht mehr haben werden, wenn Sie die Ratschläge beherzigen.

Mustertexte sind Material- und Ideensammlungen

Mit den Mustertexten, die Ihnen der Band für diesen Anlass anbietet, werden Sie dann souverän umgehen können und sie so nehmen, wie sie gemeint sind – als Vorschläge, Anregungen, Material- und Ideensammlungen, die Sie bedenken, akzeptieren, verändern oder verwerfen dürfen, so wie es Ihr Talent, Ihre rhetorische Fertigkeit und der jeweilige Anlass gebieten. Den Mustertexten ist jeweils ein Kopf vorangestellt, der ihnen Informationen zu Anlass, ungefährer Dauer, Stil und Typus der Rede geben soll. Die Typen, nach denen wir die Texte eingruppiert haben, richten sich danach, ob Sie zum Hauptredner berufen sind und längere Redezeit beanspruchen dürfen (Rede), ob Sie als weiterer lieber Hochzeitsgast nach dem Hauptredner zu Wort kommen (Ansprache), ob Sie bei Tisch das Glas erheben und da-

Typologie der Mustertexte

zu ein paar Worte sagen wollen (Toast) oder ob Sie in gereimter, heiterer Form des Hochzeitspaares gedenken (Vortrag).

Im vorliegenden Band sind in den Mustertexten fiktive Namen eingesetzt worden. Das geschah lediglich aus Gründen der flüssigeren Lesbarkeit. Aus eben diesen Gründen wurde auch darauf verzichtet, den grammatischen Plural in jedem Fall gleichberechtigt aus der männlichen *und* der weiblichen Form zu bilden („Am Tisch saßen Esserinnen und Esser, sie wurden von Oberinnen und Obern bedient, die ihnen Salzstreuerinnen und Salzstreuer brachten."). Herausgeber und Verlag bauen darauf, dass die (Leserinnen und) Leser den Unterschied zwischen biologischem und grammatikalischem Geschlecht kennen. Im Übrigen lassen sich Mustertexte, die ein bestimmtes biologisches Geschlecht ansprechen, auch ohne große Schwierigkeit in das jeweils andere Geschlecht transformieren. Insofern gelten Texte, die der Braut gewidmet sind, oft genauso dem Bräutigam. Und ob der Brautvater – wie traditionell üblich – die Hauptansprache hält oder ob die Mutter der Braut das Wort ergreift, ist letzten Endes egal und soll Lust und Laune der Festgesellschaft überlassen bleiben.

**Personennamen
sind fiktiv**

Sie haben das Wort!
Kleine Rhetorik-Schule

*Vorab – Reden: Warum? Für wen? Wie? – Welcher Rednertyp
sind Sie? – Die fünf Elemente einer erfolgreichen Rede – Sponta-
ne Reden – Kann man freies Sprechen trainieren? – Wie überwinden Sie Ihre Redeangst?*

Vorab

Bevor Sie mit den Vorbereitungen für Ihre Rede beginnen, sollten Sie sich vor Augen halten, in welcher grund-
legenden Situation Sie sich befinden, wenn Sie reden. Sie
haben sich entschlossen, öffentlich zu sprechen. Das ist
etwas anderes, als was Sie üblicherweise tun. Das fordert Sie auf andere Weise als das Gespräch in der Familie, anders als der Dialog mit dem Kollegen, anders als die
Beschwerde, die Sie in einem Lokal vorbringen, wo Sie
sich schlecht bedient fühlen. Wenn Sie als Redner einige Übung haben, werden Sie feststellen, dass der Unterschied zu diesen Situationen der alltäglichen Kommunikation gar nicht so groß ist.

**Was bedeutet
Öffentlichkeit?** Was bedeutet die Öffentlichkeit für Sie? Der Philosoph
Jürgen Habermas definierte den Begriff „Öffentlichkeit"
einmal so: „Unter Öffentlichkeit verstehen wir zunächst
einen Bereich unseres öffentlichen Lebens, in dem sich
so etwas wie öffentliche Meinung bilden kann. Der Zu-
tritt steht grundsätzlich allen Bürgern offen. Ein Stück
Öffentlichkeit konstituiert sich in jedem Gespräch, in

dem sich Privatleute zu einem Publikum versammeln."
Der erweiterte Familienkreis, das Betriebsfest, der Verein, die Gesellschaft, die sich aus einem freudigen oder einem traurigen Anlass zusammenfindet – das alles schafft der Kommunikation mehr oder weniger öffentliche Räume, die im Alltag nicht aufgesucht werden.
Und noch ein weiteres Merkmal ist charakteristisch für die Redesituation, in der Sie sich befinden. Das Publikum, zu dem sich die Privatleute zusammenfinden, ist freiwillig gekommen: Es gibt weder geschäftliche Bindungen noch politisch begründete Pflichten, wie etwa das Beamtenrecht die Beamten zur Loyalität anhält.

Das Publikum kommt freiwillig

Diese vom Publikum freiwillig hergestellte Aufmerksamkeit Ihrer Rede gegenüber sollten Sie immer würdigen und nie missbrauchen.

Reden. Warum?

Über den Redeanlass sind Sie sich im Klaren, wenn Sie zum Reden aufgefordert werden. Sind Sie das wirklich? Warum ausgerechnet ich?, werden Sie sich fragen. Und das berührt die Frage, welchen „Platz an der Tafel" Sie einnehmen. Und damit ist nicht in erster Linie die Sitzordnung gemeint, sondern die Rangordnung oder Reihenfolge, die üblicherweise bei dem jeweiligen Anlass gilt. Sind Sie der Hauptredner, von dem einige grundlegende Betrachtungen zum Anlass des Tages erwartet werden, oder sind Sie ein dem Anlass oder den Hauptpersonen nicht ganz so nahe Stehender, sodass man von Ihnen zwar auch ein paar Worte erwartet, nichts weniger jedoch, als dass Sie den Hauptredner an Tiefe der

Welchen Platz haben Sie auf der Rednerliste?

Gedanken und Brillanz des Vortrags zu übertrumpfen trachten. Also beantworten Sie sich bitte zu allererst die Frage: Warum wurden Sie gebeten zu sprechen und was erwartet man von Ihnen?

Reden. Für wen?

Wer ist Ihr Publikum? Sprechen Sie offiziell zum 60. Geburtstag des Bürgermeisters oder Vereinsvorsitzenden oder eröffnen Sie mit ein paar Worten die Kaffeetafel im Familienkreis? Sprechen Sie vor sittenstrengen Methodisten oder vor trinkfesten Kegelfreunden? Sind im Publikum Menschen, die Ihnen übel wollen, oder können Sie sich im Freundeskreis sicher und entspannt fühlen? Und wenn Sie nicht wissen, welches Publikum Sie erwartet? Auch dieser Fall kann eintreten. Schlimmstenfalls bemerken Sie erst, wenn Sie für den ersten Satz Luft holen, dass Sie in der falschen Veranstaltung sind. Gegen diese Unwägbarkeit des Geschehens gibt es zwei Hilfsmittel: *Erstens:* Lassen Sie es gar nicht so weit kommen, fragen Sie den, der sie um einen Redebeitrag bittet, Löcher in den Bauch; manchmal hilft dieses Insistieren, um dem Veranstalter erst selbst so recht klar zu machen, was er da vorhat. *Zweitens:* Beherrschen Sie Ihr Thema, dann kann kommen was will

Klären Sie noch vor Beginn Ihrer Vorbereitungen möglichst detailliert, wie Ihr Publikum zusammengesetzt ist.

Wie genau kennen Sie Ihr Publikum?

Reden. Wie?

Welche Art Rede ist dem Anlass angemessen? Reicht es aus, in einem kurzen Toast oder einem Grußwort die besten Wünsche auszudrücken? Müssen Sie in einer gründlich vorbereiteten Überzeugungsrede die Mehrheit der Zuhörer erst hinter sich bringen? Haben Sie Vorgänge in der Vergangenheit kritisch aufzuarbeiten oder sind Sie Festredner auf einer Hochzeit?

Entwickeln Sie eine Strategie, wie Sie das, was Sie sagen wollen, am besten „verkaufen" können und wählen Sie danach den entsprechenden Redetyp aus.

Welche Art Rede ist angemessen?

Welcher Rednertyp sind Sie?

Wissen Sie, wie Sie auf andere wirken? Fanden Sie es bisher albern, vor dem Spiegel zu posieren und Ihre Wirkung auf andere abzuschätzen? War es Ihnen peinlich, Ihre Bekannten und Freunde oder Ihren Lebenspartner zu fragen, wie Sie als Redner ankommen? Es gibt viele verschiedene Temperamente, die sich auch auf die Art, wie jemand in der Öffentlichkeit redet, auswirken. Vielleicht gehören Sie ja zu einem der folgenden Typen.

1. Der Schüchterne

Manche Redner wirken in ihrer Schüchternheit so hilfsbedürftig, dass sie sofort einen Mitleidbonus ihrer Zuhörer einfahren, den sie, wenn sie ihre Rede nicht gänzlich verhauen, recht bald in ein ansehnliches Sympathieguthaben ummünzen können. Und da jeder Redner merkt, ob ihm Sympathie entgegenschlägt oder nicht, macht es auch den schüchternsten Jüngling zum sicheren Redner, wenn er merkt, dass er gut ankommt.

Schüchterne genießen oft einen Sympathiebonus Es ist nicht wahr, dass die Zuhörer von jedem Redner die Selbstsicherheit eines Versicherungsvertreters erwarten, die aus der Werbung bekannt ist. Im Gegenteil, eine gewisse Unsicherheit, ja Schüchternheit, die erkennen lässt, dass der Redner nicht nur routiniert sein Programm abspult, sondern vor dem Thema und der Redesituation Respekt hat, schafft eine Basis der Sympathie, die sich manch perfekter und sicherer Redner, der allzu glatt wirkt, erst mühsam erkämpfen muss.

2. Der Distanzierte

Der distanzierte Typ hat es besonders schwer, beim Publikum anzukommen. Selbst wenn er die perfekte Rede hält, wird sich bei vielen Zuhörern möglicherweise die Frage einstellen, ob sie überhaupt gemeint sind. Der distanzierte Typ fällt dadurch auf, dass er mit seiner Stimmgewalt sehr sparsam umgeht, dass er die instinktive Neigung hat, die Arme hinter dem Rücken zu verschränken, und dass er sehr häufig seinen Blick *über* die Köpfe der Zuschauer hinweg schweifen lässt, anstatt ihnen in die Gesichter zu schauen und dass er nur ganz selten hinter dem schützenden Wall seines Rednerpultes hervorkommt.

Die Distanziertheit des Redestils kann unterschiedliche Ursachen haben. Sie kann aus einer Unsicherheit erwachsen. Sie kann genauso gut aus einem bestimmten Rollenverständnis herrühren, das die strikte Trennung in Redner und Zuhörer zementiert. Auch der distanzierte Typ hat seine Situationen und sein Publikum, denken wir an den Stil der Nachrichtensprecher oder an die Vermittlung wissenschaftlicher Fakten in einem Fachvortrag. Während der Hochzeitsfeier dürfte dieser Rednertyp aber eher schlecht ankommen.

Distanz zum Publikum schafft manchmal Autorität

3. Der Überlegene

Der Typus des Überlegenen lässt die Zuhörer wissen, dass er es besser weiß als alle anderen. Das kann eine durchaus angemessene Haltung sein, wenn man zum Beispiel einen Referenten genau aus dem Grund eingeladen hat, weil er sich zu einem bestimmten Thema am besten auskennt. Die Kompetenz des Redners, seine sichere Ausstrahlung und die Überzeugungskraft können vom Publikum regelrecht erwünscht sein. Auf freiwilliger Basis stellt sich dann ein Lehrer-Schüler-Verhältnis her. Auf einer privaten Feier, im Betrieb oder im Vereinsleben dürfte ein solches Verhältnis aber eher selten sein.

Selbstsicherheit und Überlegenheit können Kompetenz vermitteln

4. Der Mitteilungsfreudige

Der mitteilungsfreudige Redner wird in der Regel keine Mühe haben, Kontakt zu seinen Zuhörern aufzubauen. Sein Problem ist eher das umgekehrte: den Kontakt wieder abzubrechen, d. h. zum Schluss zu kommen. Für den mitteilungsfreudigen Typ ist es besonders wichtig, sich streng an seine Rededisposition zu halten und sich nicht in Exkursen und Nebenbemerkungen zu verlieren, auch wenn es noch so verlockend ist, dem Zuhörer alles mitzuteilen, was man weiß.

Kurt Tucholsky hat in seinen *Ratschlägen für einen schlechten Redner* diesen Typus karikiert: „Kündige den Schluss deiner Rede lange vorher an, damit die Hörer vor Freude nicht einen Schlaganfall bekommen. Kündige den Schluss an, und dann beginne deine Rede von vorn und rede noch eine halbe Stunde. Dies kann man mehrere Male wiederholen." Es versteht sich von selbst, dass Sie nicht nach diesem Prinzip vorgehen werden. Ihnen steht – je nach Anlass und der gesellschaftlichen Stellung, die Sie aktuell einnehmen, eine Redezeit von drei bis fünf, im höchsten Falle von zehn Minuten zu Gebote. In dieser Zeit kann man sehr viel sagen!

Vergessen Sie nicht, zum Schluss zu kommen!

5. Der Theatralische

Der theatralische Typ des Redner ist durch nichts zu erschüttern. Fällt das Mikrofon aus – nicht so schlimm, geht er eben ein bisschen näher an sein Publikum heran und spricht ein bisschen lauter. Selbst wenn das Festzelt zusammenbricht, ist das noch Anlass für eine Betrachtung über die Vergänglichkeit alles Irdischen.

Das Podium als Bühne der Selbstdarstellung

Für den Theatralischen unter den Rednern ist das Pult die Bühne. Aber nicht immer hält es ihn am Pult, mitunter geht er auf dem Podium ein paar Schritte, spricht im einen Moment scheinbar Nebensächliches im Plauderton vor sich hin, um im nächsten Moment mit ausholender Gestik ganze Salven von Pointen und Sentenzen auf die Sitzreihen abzufeuern.

Die Zuhörer haben am theatralischen Typ fast immer ihre Freude, denn er lässt keine Langeweile aufkommen. Es sei denn, er treibt seine Selbstdarstellung so weit, dass er das Publikum aus dem Blick verliert.

6. Der Kommunikative

Im Kommunikativen begegnet uns der Idealtyp des Redners. Er ist derjenige, der auf sein Publikum zugeht, Impulse aus dem Publikum aufnimmt, ja Reaktionen der Zuhörer regelrecht herausfordert. Er vereinigt die positiven Eigenschaften der fünf vorangegangenen Typen auf sich und bereichert sie um eine wichtige sechste: die Fähigkeit, mit dem Feedback des Publikums produktiv umzugehen. Sogar wenn ihm dieses Feedback in Form von Zwischenfragen oder Zwischenrufen als Wind ins Gesicht bläst, bewahrt er die Souveränität und das Gefühl für die angemessene Reaktion.

Der Idealtyp des Redners

Fünf Elemente der erfolgreichen Rede
1. Stoffsammlung und Ideenfindung

Auch wenn Sie in einer halböffentlichen Situation – zum Beispiel auf einer Hochzeit – zu sprechen beabsichtigen, empfiehlt es sich, nicht aus dem hohlen Bauch heraus zu reden. Denn auch in Ihrer Familie gibt es Experten, welche die Stimmigkeit dessen, was Sie sagen, beurteilen. Selbst wenn Sie das frisch getraute Paar rühmen, sollten Sie über familiäre Gegebenheiten, das „Vorleben" der beiden Partner, die den Gehalt Ihrer Rede ausmachen, informiert sein: Wie lange kennen sie sich? Was hat jeder Einzelne schon erlebt? Was haben sie schon zusammen unternommen? Wie kam der Entschluss zur Heirat zustande? Welche Pläne für die Zukunft hat das Paar?

Wissen, worüber man spricht

Fragenkatalog zusammenstellen

Am besten, Sie stellen sich einen Fragenkatalog zusammen und sammeln die Informationen systematisch ein. Für alle über den engeren Rahmen hinausgehenden Fragen stehen ihnen die öffentlichen Bibliotheken zur Verfügung. Wer über die entsprechende Technik verfügt, kann auch im Internet zu seinem Thema zahlreiche Quellen finden.

Wenn Sie bei der Ideenfindung Schwierigkeiten haben, verwenden Sie die Technik des „Mindmapping". Schreiben Sie den zentralen Begriff, der für Ihre Rede infrage kommt, in die Mitte eines Blattes – zum Beispiel „Hochzeit". Ziehen Sie dann von diesem zentralen Begriff „Äste" nach den Seiten und schreiben Sie ans Ende dieser Äste neue Begriffe, die mit dem Zentralbegriff in Zusammenhang stehen, zum Beispiel „Feier", „Sakrament",

Ideen durch Mindmapping konkretisieren

„Familie", „Kinder". Verfahren Sie mit den „Ast"worten ebenso, ziehen Sie „Zweige" ab, die neue Begriffe tragen. Zum Beispiel trägt der Ast „Feier" Zweige mit den Begriffen „Geschenk", „Rede", „Überraschung". An den Zweigen können wieder neue Zweige, Blätter und Früchte hängen usw. Auch kleine Symbole und Zeichnungen können Ihre Fantasie anregen. Begriffe, die für Ihre Rede Vorrang haben sollen, können Sie farbig markieren. Auch Querverbindungen zwischen verschiedenen Ästen können Sie farbig hervorheben. Auf diese Weise bekommen Sie eine Gedankenlandkarte, mit deren Hilfe Sie viel sicherer auf Ihr Redeziel zusteuern, Informationen einholen und Fakten sortieren können. Und unter Umständen halten Sie am Ende schon eine Art Redemanuskript in der Hand, denn für kürzere Ansprachen kann ein Blatt mit einer Gedankenlandkarte zur Orientierung und Erinnerung durchaus ausreichen.

2. Gliederung

Es gibt verschiedene Weisen, eine Rede zu gliedern. Die antiken Rhetoriker gingen von der Gerichtsrede oder der Senatsrede aus. Das sind zwar nicht die Situationen, in denen wir heute im Regelfall das Wort ergreifen, dennoch aber haben sich einige grundlegende Überlegungen der Alten in der alltäglichen Redepraxis bewährt.

Die elementare Gliederung ist das *AHA-Prinzip*. Es besagt, dass eine Rede einen Anfang, einen Hauptteil und einen Abschluss haben soll. Der Anfang, auch als Einleitung bezeichnet, soll auf das Thema hinführen, das im Hauptteil abgehandelt wird. Der Abschluss (oder Schlussteil) soll den Redeinhalt zusammenfassen, eine Schlussfolgerung ziehen und das Publikum zu einer Haltung oder Handlung veranlassen – etwa das Glas zu erheben und auf das Wohl des jungen Paares zu trinken. **Das AHA-Prinzip**

Neben dieser Dreiteilung findet man aber auch noch andere Gliederungsprinzipien, zum Beispiel das *ABBA-Prinzip* (Anfang, Bericht, Beweis, Abschluss); der Hauptteil zerfällt hier in zwei Elemente, den Bericht (auch Erzählung oder Darlegung des „Falles") und den Beweis (Begründung der eigenen Auffassung). Beim *AAAA-Prinzip* (Aufhänger, Anekdote, Ansprache, Abschluss) sucht der Redner nach einem originellen Aufhänger, an dem das Thema „festgemacht werden" kann und stimmt die Zuhörer mit einer Anekdote oder einer witzigen Begebenheit auf das Thema ein. Bei Ansprachen zu Jubiläen und Feiern verwendet man auch häufig das *GGGG-Prinzip* (Gruß, Grund, Geschichten, Glückwunsch). Wie die vier G-Worte schon sagen, geht der Redner nach der Begrüßung und der Umschreibung des Grundes für das **Das ABBA-Prinzip**

Das AAAA-Prinzip

Das GGGG-Prinzip

Fest meist auf die persönlichen Lebensgeschichten der zu Feiernden oder auf die Familiengeschichte – zum Beispiel eines der beiden Partner – ein; die Rede mündet schließlich in ihr eigentliches Ziel, den Glückwunsch, die Übergabe des Geschenks, den Trinkspruch usw.

Weitere Möglichkeiten, den Hauptteil der Rede in sich zu strukturieren, sind u. a. die *Drei-Zeiten-Formel* (gestern, heute, morgen, d. h. Beschreibung der Vorgeschichte, Darlegung des gegenwärtigen Standes, Formulierung von Zukunftszielen) und die *Plusminus-Formel*, mit der bei sachbezogenen Ansprachen Vor- und Nachteile, Pro- und Kontra-Argumente gegeneinander wirken sollen.

Die Drei-Zeiten-Formel

Die Plusminus-Formel

3. Formulierung

Auf die Formulierung des Inhalts sollte – ganz gleich, ob man am Ende frei spricht oder den Text der Rede vom Manuskript abliest – viel Sorgfalt verwandt werden. „Denn auch ich halte dafür", schrieb Johann Christoph Gottsched vor über 250 Jahren, „daß es nöthig sey, einen wohl ausgesonnenen Entwurf zu einer Rede ausführlich, das ist, von Wort zu Wort auszuarbeiten." Denn was nütze der beste Hauptgedanke mit all seinen Zusätzen, fährt Gottsched sinngemäß fort, wenn er nicht in kräftigen, wirkungsvollen, kurz: treffenden Worten ausgedrückt werde.

Wort für Wort?

Eine Rede ist keine Schreibe, lautet ein viel zitierter Grundsatz des Philosophen Friedrich Theodor Vischer. Diesem Grundsatz zufolge ist der Stil einer Rede in der Regel auch anders als der Stil eines geschriebenen Textes. Erfahrene Rundfunkredakteure sagen, wenn ein Manuskript zu

„Eine Rede ist keine Schreibe"

sehr dem Geschriebenen verhaftet ist: „Es raschelt." Damit sind nicht reale Störgeräusche vor dem Mikrofon gemeint, sondern der „papierene" Stil, der nicht radiophon ist und dem Medium Rundfunk nicht entspricht.

Den Unterschied zwischen geschriebener und gesprochener Sprache können Sie leicht im Selbstversuch feststellen. Schreiben Sie zum Beispiel eine Entschuldigung für Ihre Verspätung, die Sie mit der Schilderung des Verkehrsstaus am Morgen ausschmücken. Es muss nicht mehr als eine handgeschriebene Seite sein. Legen Sie dann den Brief beiseite und nehmen Sie einen Kassettenrekorder oder ein Diktiergerät zur Hand. Tragen Sie die gleiche Entschuldigung mündlich vor und verwenden Sie zur Begründung ebenfalls die Schilderung des Verkehrsstaus. Sprechen Sie etwa eine Minute lang. Schreiben Sie dann Ihre eigene gesprochene Entschuldigung vom Band ab und vergleichen Sie beide Texte.

Im Schriftsatz können Sie darauf vertrauen, dass der Leser auch komplizierte so genannte Schachtelsätze problemlos „knacken" kann. Im Deutschen werden die Sätze grundsätzlich wie Rahmen gebildet. Das führt dazu, dass Zusammengehöriges – wie zum Beispiel **spazieren gehen** – auseinander gerissen wird, um weitere Informationen einzurahmen. Man sagt also nicht: „Ich **gehe spazieren** heute Abend mit dem Kinderwagen noch ein Viertelstündchen auf der Straße." Sondern man sagt: „Ich **gehe** heute Abend mit dem Kinderwagen noch ein Viertelstündchen auf der Straße **spazieren**." Je weiter der Rahmen gezogen wird, desto schwieriger ist es, den Bezug nicht aus den Augen zu verlieren; umso mehr, wenn in den Rahmen auch noch Nebensätze eingebaut sind. „Ich **gehe,** wie ich dir bereits gestern, als du mich

Der verbale Rahmen

anriefst, am Telefon sagte, heute Abend mit dem Kinderwagen, der übrigens der kleinen Maxi ausnehmend gut zu gefallen scheint, noch ein Viertelstündchen auf der Straße, die um diese Zeit nicht mehr sehr belebt ist, **spazieren.**" Wie würden Sie den gleichen Sachverhalt einem anderen am Telefon mitteilen? Bestimmt ganz anders.

Alternative im mündlichen Ausdruck

Etwa so: „Ich gehe noch ein Viertelstündchen spazieren. Am Abend ist die Straße nicht mehr sehr belebt. Da nehme ich den Kinderwagen mit. Der gefällt Maxi übrigens ausnehmend gut. Aber das habe ich dir ja schon gestern am Telefon erzählt."

Beim geschriebenen Text hat der Leser bei komplizierten Konstruktionen jederzeit die Möglichkeit, an den Anfang des Satzes zurückzuspringen. Beim gesprochenen Text hat der Zuhörer diese Möglichkeit nicht. Wenn er den Bezug einmal aus den Ohren verloren hat, kann er den Text, der auf ihn einströmt, nicht mehr sortieren.

Das Nacheinander der Aussagen organisieren

Darum ist es wichtig, dass ein gesprochener Text viel bewusster als ein Lesetext das *Nacheinander* der Aussagen organisiert. Das bedeutet, so zu sprechen, wie der andere üblicherweise hört.

Für die Formulierung Ihrer Rede wirft das mehr Probleme auf, als Sie im ersten Moment vermuten werden. Denn Sie müssen der Versuchung widerstehen, einen komplexen Zusammenhang in eine Schachtel aus Nebensätzen und Infinitivkonstruktionen zu verpacken. Sie müssen vielmehr das Prinzip der Über- und Unterordnung im Satz durch das Prinzip der Bei- und Nebenordnung ersetzen. Statt eines Geflechts von über- und untergeordneten Satzgliedern haben Sie nun eine Folge

Reihenfolge gegliedert

grammatisch gleichwertiger kurzer Sätze. Ordnung und Hervorhebung erreichen Sie *erstens* durch die Reihenfolge. Was kommt zuerst, was folgt und was bildet den Schluss, ohne dass der Zusammenhang zerrissen wird? *Zweitens* steht Ihnen das Mittel der Wortwahl und der außergewöhnlichen Formulierung zu Gebote.

Wortwahl akzentuiert

Es gibt kein allgemein und immer gültiges Universalrezept für die Formulierung einer Rede. Aber es gibt einige Faustregeln. „Hauptsätze. Hauptsätze. Hauptsätze", die Kurt Tucholsky von einem guten Redner verlangt, ist die erste dieser Faustregeln. Sie besagt, dass Sie die Kernaussagen Ihrer Rede oder Ansprache in klar strukturierte Hauptsätze kleiden sollen.

1. Faustregel

„Kompliziertes einfach sagen", lautet eine zweite Faustregel. Sie besagt: Je komplizierter ein Sachverhalt ist, desto einfacher müssen die Sätze gebaut sein, mit denen Sie diesen Sachverhalt mitteilen.

2. Faustregel

Es sind vor allem zwei Methoden, mit denen Sie einen Text am besten redegerecht schreiben können.

Erstens: Schreiben Sie für das Ohr. Das heißt sprechen Sie jeden Satz, bevor Sie ihn aufschreiben. Schreiben Sie ihn erst auf, wenn er Ihnen wirklich gut im Mund liegt. (Verfahren Sie auch mit den Musterreden so, wenn Sie den Text Ihren Bedürfnissen anpassen.)

So wird Ihre Rede nicht papieren wirken

Zweitens: Schreiben Sie gestisch. Murmeln Sie den Satz, den Sie aufschreiben wollen, nicht nur leise vor sich hin. Stehen Sie auf und treten Sie vor den Spiegel. Lassen Sie einen Kassettenrekorder dabei laufen. Sprechen Sie so, wie Sie vor Publikum sprechen würden, mit der entsprechenden Lautstärke und der richtigen Betonung. Haben Sie bestimmte Worte unwillkürlich mit Gesten unterstützt? Welche Worte waren das? Passen sie zu Ihren Gesten? Wenn Sie so vorgehen, wird Ihre Rede am Ende nicht papieren wirken.

4. Lernen und Memorieren

Soll man eine Rede auswendig lernen? Auch wenn es Ihnen absurd vorkommt: Fragen Sie sich doch mal, welche Gründe dagegen sprechen. Wenn Sie nur drei handfeste und unwiderlegbare Gründe finden, die Sie selbst von anderen akzeptieren würden, dann lernen Sie Ihre Rede nicht.

Aber es gibt eine Reihe von Scheingründen, die dem Auswendiglernen im Wege stehen könnten. Diese Scheingründe sollten Sie möglichst ausräumen, weil sie mit der Qualität Ihrer Rede zu tun haben.

Keine Zeit? *Erstens:* Sie haben keine Zeit, die Rede auswendig zu lernen. Ist Ihnen der Anlass so wenig wichtig, dass Sie sich nicht genügend Zeit für die Vorbereitung Ihrer Rede nehmen? Ist es Ihnen selbst so gleichgültig, wie Sie als Redner auf die andern wirken? Vielleicht sollten Sie den Auftrag zu reden wieder zurückgeben.

Text zu kompliziert? *Zweitens:* Sie können sich einfach nicht merken, was Sie geschrieben haben. Ist der Text vielleicht zu kompliziert geschrieben, um ihn sich merken zu können. Fehlen markante, starke Worte, an denen sich Ihr Gedächtnis festhalten könnte? Gehen Sie zurück auf 3. und arbeiten Sie erneut an den Formulierungen.

Gliederung nicht klar? *Drittens:* Sie kommen mit der Aufeinanderfolge der einzelnen Teile nicht klar. Ist die Gliederung nicht stringent genug aufgebaut? Gibt es Schwächen im logischen Aufbau, die vielleicht auch für den Hörer nicht nachvollziehbar sind, wenn sich schon Ihr eigenes Gedächtnis dagegen sträubt? Wenn Sie diesen Verdacht haben, gehen Sie zurück auf 2. und fassen Sie Ihre Gliederung noch einmal präziser.

Wenn Sie eine Rede auswendig lernen wollen, sollten Sie genauso vorgehen wie bei der Ausarbeitung: also nicht einfach den ersten Satz auswendig pauken, sondern zunächst die Ideen verinnerlichen und das Ziel der Rede im Auge behalten. Sie wollen mit einem Zitat Jean Genets einleiten, worin der Ehe kein gutes Zeugnis ausgestellt wird. Sie wollen anschließend die Aussage des Zitates entkräften, indem Sie das Hochzeitspaar als Gegenbeispiel ins rechte Licht rücken. Und schließlich wollen Sie dem Paar und den Angehörigen Glück und Gesundheit wünschen. Gehen Sie von diesem Grobraster aus immer tiefer in die Feinstruktur hinein. Prägen Sie sich die Abfolge der Ereignisse ein, von denen Sie erzählen wollen usw. Erst ganz zum Schluss wenden Sie sich den einzelnen Sätzen zu. Markante Worte (auch und gerade ungewöhnliche wie „Lebensabschnittsgefährte") dienen dem Gedächtnis als Fixpunkte.

*(Randnotiz: **Beim Lernen vorgehen wie bei der Ausarbeitung**)*

Wenn Sie eine Rede detailliert ausformuliert haben und sie dem Publikum *vorlesen* wollen, halten Sie sich an den Grundsatz, eine *geschriebene* Rede probeweise mehrfach laut zu lesen bzw. zu sprechen, gegebenenfalls Bekannten oder Angehörigen vorzusprechen und deren Meinung nicht gering zu schätzen.

*(Randnotiz: **Text zur Probe anderen vorlesen**)*

Dieses Vor-Lesen und Vor-Sprechen verfolgt zwei Ziele. Das erste ist ein simpel äußerliches Ziel: Beim Vorlesen bekommen Sie mit, ob und wie gut es Ihnen überhaupt gelingt, eine Rede abzulesen. Das zweite ist ein stilistisches Ziel: Sie bekommen heraus, ob Sie überhaupt eine Rede geschrieben haben oder ob es nicht vielmehr eine Schreibe geworden ist.

Wenn Sie sich dem Vorhaben gestellt haben, Ihre Rede gründlich zu lernen, wie ein Schauspieler seinen Text lernt, ist es auch gar nicht mehr wichtig, ob Sie die Rede wirklich auswendig und im Wortlaut vortragen. Die Kenntnis des Grobrasters und der feinen Binnenstrukur, das Einprägen markanter Worte und ganzer Sätze wird Ihnen viel Sicherheit geben – auch beim *Vorlesen* Ihrer Rede.

5. Vortrag

Ob Sie frei sprechen oder vom Blatt lesen oder eine Redegestaltung wählen, die irgendwo dazwischen liegt, das können letztlich nur Sie selbst entscheiden. Zunächst: **Wie geübt sind Sie im Reden?** Wie geübt sind Sie im Reden? Wie sicher fühlen Sie sich? Hatten Sie genügend Zeit für die Vorbereitung? Können Sie sich unter Stress auf Ihr Gedächtnis verlassen oder ist es Ihnen schon häufiger passiert, dass Sie einen totalen Blackout hatten? Haben Sie die gesamte Rededisposition im Kopf oder fühlen Sie sich sicherer, wenn Sie ein paar Kärtchen mit Stichworten bei sich haben?

Reden vom Blatt. Vom Blatt. Grundsätzlich sollten Sie ein Redemanuskript ausarbeiten, wenn Ihre Ansprache einen ausgesprochen offiziellen Anstrich hat und gegebenenfalls sogar in einer Festschrift oder in einem Protokollband veröffentlicht wird oder wenn Sie im Namen einer Organisation, eines Unternehmens oder eines Vereins ein offizielles Grußwort vortragen, bei dem es unter Umständen aus politischen Gründen auf jedes einzelne Wort und auf die Nuance der Formulierung ankommen kann. Es ist übrigens weitaus schwerer, eine geschriebene Rede vorzulesen, als die meisten von uns gemeinhin glauben. In der weitaus größten Zahl der Fälle schreiben die potenziellen Redner ihren Text in aller Stille. Und manchmal ist dann die Überraschung groß, wenn man vor den Zuhörern steht und seine Rede vorlesen will, die man doch ganz genau kennt (weil man sie selbst geschrieben hat), und sich vor Stottern und Haspeln und Irrläufen zwischen syntaktischen Unsinnigkeiten kaum noch zu helfen weiß. Wenn Sie die aufgeschriebene Rede häufig genug laut gelesen haben, wird Ihnen die Aufeinanderfolge der Gedanken und Sätze geläufig und Sie werden auch nicht mehr von den eigenen Formulierungen überrascht. Folgen Sie den Empfehlungen für das Lernen, das „Einstudieren" der Rede, gewinnen Sie die nötige Sicherheit, um beim Lesen den jeweils nächsten Satz mit einem Blick zu erfassen. Sie können dann die Augen vom Redemanuskript heben, Blickkontakt mit Ihren Zuhörern aufnehmen und den Satz auswendig sprechen, so als ob Sie ihn in diesem Moment spontan erfänden. Eine auf diese Weise vom Blatt vorgetragene Rede wirkt auch nicht mehr abgelesen; und wenn Sie wirklich einmal nicht mehr weiterwissen, hilft Ihnen der Blick ins Manuskript.

Freie Rede. Freies Sprechen ist ohne Zweifel die überzeugendste und der Kommunikation dienlichste Form der Rede. Der Vortragende steht seinem Publikum als Gesprächspartner gegenüber, auch wenn die Form des Gesprächs zunächst einmal nur ein Monolog zu sein scheint. Wer frei spricht, den Zuhörern dabei in die Augen schaut und ihre Reaktionen wahrnimmt, weiß nicht nur jederzeit, wie seine Rede ankommt, er erlebt auch, wie sich aus Rede und Feedback eine Art Dialog mit dem Publikum entwickelt.

Erfahrene Redner können es sich wohl leisten, eine Rede, die sie häufiger zum gleichen Thema halten, ganz frei

Freie Rede

und ohne vorbereitetes Manuskript zu halten. Ihre Vorbereitung besteht darin, das sie die aktuellsten Geschehnisse, die mit dem Thema in Zusammenhang stehen, in ihre Rede einbauen. Aber Sie lesen dieses Buch vermutlich nicht, weil Sie professioneller Redner auf Hochzeitsfeiern werden wollen.

Vorsicht vor Mischformen!

Der Kompromiss. Kompromisse zwischen freiem Sprechen und Lesen vom Blatt sind nicht immer glücklich, manchmal sogar gefährlich. Etwa wenn der Redner, mitgerissen von dem Schwung, den er sich selbst gegeben hat, das Manuskript plötzlich Manuskript sein lässt und frei spricht, bis ihm plötzlich einfällt, dass ihm nichts mehr einfällt.

Die Erfahrung besagt: Wer seine Rede vom Blatt liest, ist weder mental noch hinsichtlich eines Gedächtnistrainings auf den freien Vortrag eingerichtet. Haben Sie sich fürs freie Sprechen entschieden, können Sie durchaus einige Kernaussagen auf Kärtchen notieren, um Ihr Gedächtnis abzustützen. Wenn Sie sich zum Lesen vom Blatt entschlossen haben, dann folgen Sie auch am besten dem Blatt.

Körpersprache

Etwas Körpersprache. „Die Zuhörer eines Redners haben nicht nur Ohren, sondern auch Augen: daher muss ein Redner nicht nur jene, sondern auch diese zu befriedigen, zu vergnügen und einzunehmen wissen, wenn er seinen Endzweck glücklich erreichen will." Der Redner soll nicht mit den Armen rudern wie ein Ertrinkender, aber er soll auch nicht starr wie ein Zinnsoldat vor seinem Publikum stehen. Der Redner soll seinem Publikum nicht mit der Faust drohen und es nicht mit dem Zeigefinger ermahnen, aber er kann ganz zwanglos bestimmte Worte oder Sätze mit Gesten unterstreichen, so wie er es auch in einem ganz normalen Gespräch unter Bekannten tun würde. Auf die Grundhaltung Hände, wie sie in manchen Rhetorikseminaren empfohlen wird – leicht oberhalb der Gürtellinie, locker geballte Faust, Handballen nach oben gekehrt – können Sie getrost verzichten. Jede Konformität – auch in der Körpersprache – schadet Ihrer Ausstrahlung. Viele Redner, die noch unsicher sind, machen sich Gedanken, was sie mit ihren Händen anfangen sollen. Mein Rat: Einfach nicht dran denken, denn Sie haben an Wichtigeres zu denken. Wo sind denn Ihre Hände, wenn Sie im Büro mit Ihren Kollegen oder beim Einkaufen mit einer Verkäuferin sprechen? Sie wissen es nicht? Sehen Sie. Dann haben Sie alles richtig gemacht.

Ohne Marotten. Unerfahrene Redner haben Angst vor den Momenten der Leere, wenn Sie den eigenen Redefluss nicht ununterbrochen wahrnehmen. Die Selbstwahrnehmung spielt ihnen da einen bösen Streich. Denn Pausen sind keine Leere. Der Zuhörer braucht Pausen, um den Redefluss, der auf ihn einströmt, zu gliedern, die ausgesprochenen Gedanken zu ordnen.

Der Redner hingegen befürchtet oft, dass seine Pausen zu lang sein könnten. Darum bemüht er sich, sie unter keinen Umständen entstehen zu lassen. Er stopft alle Löchlein mit unsinnigen Füllwörtern – *gewissermaßen, sozusagen, so gesehen, verhältnismäßig, eigentlich, also, eben, gut* – oder mit hohlen Phrasen – *ich will mal so sagen, ich denke, sag ich mal, ich meine, ich möchte meinen, ja gut also ich* – die er selbst gar nicht mehr als solche bemerkt, die zur Marotte geworden sind, die ihm ständig unterlaufen und die Rede so dominieren können, dass sie den Zuhörer stören.

Auf Marotten verzichten

Die am häufigsten anzutreffende und lästigste Marotte ist das Stöhnen, Seufzen, Stammeln, Jammern, Quetschen eines bestimmten Lautes, den jeder als Zuhörer einer Rede oder Ansprache schon einmal genießen durfte: das klassische rhetorische „Ähh", das manchmal auch als „Ehm" ausgeprägt ist. Der Redner tut gut daran, sich dieses Problem bewusst zu machen.

Gegen diese Marotten hilft nur zweierlei: Ständige Selbstkontrolle – womöglich mithilfe eines Kassettenrekorders – und Konzentrationsübungen, die systematisch alle Marotten aus dem eigenen Vortrag verbannen.

Verständlichkeit **Verständlichkeit.** Hierbei geht es nicht in erster Linie um Ihren Dialekt, um Ihre Wortwahl, Ihre Artikulationsfähigkeit oder Stimmstärke. Vielmehr geht es um die Redesituation. Mit anderen Worten: Sie können die brillantesten Gedanken, den geschliffensten Stil und die wohltönendste Stimme aufbieten, wenn im gleichen Raum eine Katze jungt, haben Sie keine Chance.

Wenn beispielsweise die fünfjährige Nichte der Braut gerade auf possierliche Weise ein Gratulationsgedicht aufgesagt hat und der strahlenden Tante und ihrem Angetrauten um den Hals gefallen ist, gestaltet sich die Redesituation für Sie ausgesprochen schwierig. Während die Verwandtschaft der Reihe nach die hochbegabte Kind zu dieser Leistung beglückwünscht und abknuddelt – bitten Sie um Gehör für ein paar würdigende Worte. Sie haben verloren, noch bevor Sie den ersten Satz sprechen können. Was ist in einer solchen Situation zu tun? Schließen Sie sich dem Chor der Bewunderer für die Leistung des kleinen Mädchens an. Erinnern Sie an andere Wunderkinder von Mozart bis Menuhin. Holen Sie Ihr Publikum dort ab, wo es sich emotional gerade befindet.

Spontane Reden

Unter einem sicheren Redner stellt man sich oft jemanden vor, der einfach drauflos plaudert, was ihm gerade einkommt, wie man das von Moderatoren gewisser Unterhaltungssendungen im Fernsehen kennt. Dieses Drauflosplaudern verlangt eine gehörige Portion Selbstbewusstsein. Die Hochzeitsfeier Ihrer Tochter oder Ihres Sohnes ist aber nicht der richtige Anlass, Ihr Selbstbewusstsein zur Schau zu stellen. Indes kann es vorkommen, dass Sie plötzlich jemand bittet, ein paar Worte zu sprechen, und Sie sollten auf diese Situation ohne Panik reagieren können und sprechen, wie Ihnen der Schnabel gewachsen ist.

Spontan reden heißt nicht, drauflosplappern

Gehen Sie in diesem Fall vor, als wenn Sie noch Wochen zur Vorbereitung hätten. Ein paar Minuten müssen für eine kurze Ansprache reichen.

1. Halten Sie sich an den Gastgeber oder denjenigen, der Sie um den Redebeitrag gebeten hat. Besorgen Sie sich von ihm alle Informationen, die Sie brauchen.

Vorbereitung auf eine improvisierte Rede

2. Legen Sie sich eine möglichst schlichte Grobgliederung zurecht. Zum Beispiel Einleitung: Wie man Hochzeiten gemeinhin feiert. Hauptteil: Vergleich Ihrer eigenen Hochzeit mit der des jungen Paares; Unterschiede der Chancen junger Ehen einst und jetzt. Schluss: Beste Wünsche für das Paar.

3. Formulieren Sie – zur Not auf den Rand einer Serviette – ein paar Kernaussagen des Hauptteils.

4. Prägen Sie sich die Grobgliederung und die Reihenfolge der Kernsätze möglichst gut ein. Je weniger Zeit Sie zur Vorbereitung haben, desto einfacher sollte die Struktur sein.

5. Machen Sie sich vortragsfertig. Atmen Sie mehrmals kräftig aus, bevor Sie zu reden beginnen. Trinken Sie einen Schluck Wasser (möglichst ohne Kohlensäure). Freuen Sie sich auf die Rede! Beginnen Sie Ihre Rede mit Humor; auch ein Schuss Selbstironie trägt zur Auflockerung der Atmosphäre bei.

Freies Spechen trainieren

Ein Fahrlehrer sagte einmal einer ängstlichen Fahrschülerin, die sich vor den hohen Geschwindigkeiten auf der Autobahn fürchtete: „Die Angst vor 130 verlieren Sie nicht, wenn Sie 80 fahren." Auch die Angst vor dem freien Sprechen verlieren Sie nicht, indem Sie Ihre Ansprachen immer ablesen. Mit einiger Übung und dem Blick fürs Angemessene lässt sich das richtige Maß zwischen vorbereitetem Text und freier Rede finden. Versuchen Sie aber nicht zu brillieren, solange Sie sich noch nicht sicher fühlen.

Das richtige Maß zwischen geschriebenem Text und freier Rede

Der beste Weg, im freien Sprechen Sicherheit zu gewinnen, ist, es ständig zu üben. Dazu müssen Sie nicht fortwährend Hochzeitsfeiern oder andere Partys besuchen. Meetings in Ihrem Unternehmen, Lehrgänge, Seminare, politische Veranstaltungen, Schriftstellerlesungen – kurz, alle Gelegenheiten, bei denen Sie sich zu Wort melden können, machen Sie sicherer und erlauben Ihnen Rückschlüsse, welche Mittel Ihnen schon zu Gebote stehen, welchen Situationen Sie rhetorisch gewachsen sind und wo Sie eventuell noch Probleme bekommen. Ihre Redeangst wird sich umso mehr vermindern, je genauer Sie wissen, was Sie eigentlich sagen wollen.

Redeangst überwinden

Durch Reden! Und indem Sie sich klarmachen, dass niemand von Ihnen – und schon erst recht nicht zu einem solchen Anlass wie einer Hochzeitsfeier – Vollkommenheit und Perfektion erwartet.

Was macht es schon, wenn Ihnen plötzlich vor dem Publikum ein Wort nicht mehr einfällt? Statt rot zu werden, zu stottern, und die Gäste mit einer Salve „ähhs" zu erschrecken, sagen Sie einfach: „Jetzt fällt mir doch tatsächlich das richtige Wort nicht mehr ein, aber Sie wissen bestimmt auch so, was ich meine", und gehen zum nächsten Satz über.

Pannen sind nicht schlimm

Sie haben Lampenfieber? Auch das ist nicht schlimm. Bedenklicher müsste Ihnen vorkommen, wenn Sie keines hätten. Durch das Lampenfieber signalisiert Ihnen Ihr Körper, dass er sich auf eine besondere Situation einstellt. Dieses Signal können Sie negativ deuten – „Um Gottes Willen, jetzt bin ich ja in eine katastrophale Situation hineingeschlittert. Wie soll ich da heil wieder rauskommen?" – und damit Hemmungen und Verkrampfungen Vorschub leisten. Sie können es aber auch positiv deuten – „Da bin ich ja in eine außergewöhnliche Lage geraten. Nun bin ich aber selbst neugierig, wie ich dieses Problem lösen werde!" – und der Adrenalinausschüttung die richtigen Bahnen weisen. Freuen Sie sich auf die Herausforderung.

Nutzen Sie das Lampenfieber als positiven Impuls

Dass man Sie zum Reden aufgefordert hat, ist ein Zeichen dafür, dass man Sie schätzt und mag. Da dürfen Sie sich schon erlauben, sich auch selbst ein bisschen zu mögen. Also freuen Sie sich auf Ihre Rede. Ich bin sicher, dass sie Ihnen gelingt.

Für die große Hochzeitsfeier

Rede des Brautvaters (1)

Typus	Rede
Anlass	Heirat der Tochter
Dauer	ca. 5 Minuten
Stil	feierlich, beratend

Liebe Katrin, lieber Jörg, liebe Freunde,

ehrlich gesagt, ich habe schon lange nicht mehr daran geglaubt, dass ihr beiden, Katrin und Jörg, wirklich noch einmal den Weg zum Standesamt finden werdet. Schließlich lebt ihr nun schon einige Jahre ohne Trauschein zusammen. Wir hatten uns daran gewöhnt und die Hoffnung auf eine Hochzeit fast schon aufgegeben. Umso mehr freue ich mich, dass ihr es heute doch noch geschafft habt, euch das Jawort zu geben.

Ausdruck der Freude über die Heirat

Ich weiß, Katrin, es hat sich einiges geändert, seitdem deine Mutter und ich damals geheiratet haben. In der heutigen Zeit heiratet man nicht mehr so schnell, sondern probiert erst einmal aus, ob man es auch wirklich zusammen aushalten kann. Aus diesem Grund brauchte ich euch eigentlich für das Zusammenleben kaum noch Tipps zu geben, aber ich kann mich einfach nicht zurückhalten – du kennst mich ja, Katrin. Außerdem ist es doch noch ein Unterschied, ob man einfach so zusammen wohnt oder verheiratet ist. Schließlich seid ihr mit der

Unterzeichnung der Eheurkunde eine weitergehende Verpflichtung eingegangen.

Ganz wichtig ist, dass ihr einander respektiert, auch wenn nicht alles immer so glatt läuft, wie ihr es euch vielleicht vorstellt. Unter Respekt verstehe ich, dass der eine den anderen annimmt, wie er ist. Es gibt nämlich durchaus Zeiten, in denen man schnell den Respekt voreinander verlieren kann, beispielsweise wenn der eine seine Arbeit verliert und nicht so schnell wieder eine neue Stelle findet. Solche einschneidenden Situationen können nur gemeinsam gemeistert werden. Vorwürfe sind da fehl am Platz. **Tipps für eine glückliche Ehe**

Ein weiterer Grundstein einer guten Ehe ist der Humor. Achtet darauf, viel miteinander und nur selten übereinander zu lachen. Dass man den anderen wegen irgendeiner Tollpatschigkeit manchmal auslacht, bleibt zwar nicht aus, sollte aber nicht die Regel werden. Der deutsche Schriftsteller Thomas Niederreuther sagte einmal: „Ein heiteres Ehepaar ist das Beste, was sich in der Liebe erreichen lässt." Damit hat er meiner Meinung nach Recht, denn – ihr wisst es bestimmt – wenn man miteinander lacht, nachdem man sich über etwas oder sogar übereinander geärgert hat, verfliegt der Groll am ehesten. Als du klein warst, Katrin, kam ich manchmal erschöpft und zum Teil sogar wütend von der Arbeit nach Hause. Deine Mutter erzählte mir statt von ihrem eigenen schweren Tag die neuesten lustigen Erlebnisse mit dir, brachte mich zum Lachen und der Ärger war vergessen.

Auch Toleranz dem anderen, seinen Eigenarten und seinen Hobbys gegenüber gehört zu den Eigenschaften, die man sich in einer Ehe unbedingt bewahren sollte. Ich weiß noch, Katrin, wie sehr du dich anfangs darüber aufgeregt hast, dass Jörg an fast jedem Sonntagmorgen zum Fußballspielen musste. So gern hättest du manchmal ausgiebig mit ihm gefrühstückt oder etwas mit ihm unternommen. Zunächst habt ihr euch deshalb mehrfach gestritten. Doch irgendwann hast du, Katrin, eingesehen, dass der Fußball für Jörg zwar nicht wichtiger ist, als du es bist, dass er aber eine große Rolle für seine innere Ausgeglichenheit spielt. Nach einer anstrengenden Arbeitswoche gehört es für ihn dazu, auf dem Spielfeld abschalten zu können. Du hast deine erste Lektion in Toleranz gelernt. Auch Jörg versteht es mittlerweile, dass du einen Abend in der Woche allein mit deinen Freundinnen verbringen willst. Ihr lasst einander Freiheiten und habt gemerkt, dass ihr euch dadurch nicht entfremdet, sondern dass eure Partnerschaft bereichert wird.

Jetzt fragt ihr euch bestimmt, wo in meiner Aufzählung die Liebe bleibt. Na, die werde ich wohl kaum vergessen. Aber so, wie ihr beiden euch anstrahlt, brauche ich dazu nicht besonders viel zu sagen. Man sieht auf den ersten Blick, dass ihr ein glückliches Paar seid. Und das, obwohl ihr eure Probezeit bereits hinter euch habt.

Toast auf das Brautpaar Liebe Gäste, ich schlage vor, dass wir nun alle auf das Glück von Katrin und Jörg anstoßen. Lasst uns darauf trinken, dass sie sich Respekt, Humor, Toleranz und vor allem die Liebe in ihrer Ehe stets bewahren. Zum Wohl!

Rede des Brautvaters (2)

Typus	Rede
Anlass	Heirat der Tochter
Dauer	ca. 3 Minuten
Stil	heiter

Liebe Sonja, lieber Frank, liebe Gäste,

wie kommen alle Menschen eigentlich dazu, von einer Hochzeit nur als von einem Freudenfest zu reden? Hätten sie mal die Väter der Bräute gefragt, ob die das genauso empfinden. Ich wette, mindestens 50 Prozent hätten verneint. Schließlich verliert ein Vater seine Tochter an diesem Tag an einen anderen Mann. Das können doch nur Väter gutheißen, die ein wahres Biest zur Tochter haben. Wenn man hingegen so eine Tochter wie Sonja hat, muss es einem als Vater schwer fallen, wenn sie heiratet.

Ungewöhnliche Frage mit unerwarteter Antwort

Ich höre bereits die Einwände meiner Frau: Sonja wohnt doch schon seit einiger Zeit nicht mehr zu Hause und erst jetzt meinst du, sie zu verlieren? Mir scheint, sie hat Recht und ich lebe wirklich etwas hinter dem Mond. Außerdem habe ich noch einmal Glück gehabt: Sonja hat schließlich nicht irgendjemanden geheiratet, sondern Frank, den sie bereits seit anderthalb Jahren kennt und liebt und den auch wir sehr schätzen. Daher Spaß beiseite. Wir verlieren keine Tochter, sondern gewinnen mit Frank ein neues Familienmitglied hinzu.

Wenn ich euch so ansehe, bin ich mir sicher, dass ihr die richtige Wahl getroffen habt. Sonja habe ich lange nicht so glücklich gesehen und Frank hat nur Augen für Son-

Beschreibung
des Lebens des
jungen Paares

ja. Auch wenn dies heute ein ganz besonderer Tag für euch ist, der euch noch mehr strahlen lässt als sonst, weiß ich, dass ihr auch im Alltag zueinander haltet und euch gut versteht. Zum Glück ist es heute ja nicht mehr so, dass man zuerst heiratet, dann erst zusammenzieht und kurze Zeit später feststellt, dass man nur schwer zusammen leben kann. Ihr habt – genau wie die meisten anderen Paare – bereits eine gemeinsame Wohnung und wisst, wie ihr einander zu nehmen habt. Aber bitte vergesst über eurer Zweisamkeit eure armen, alten Eltern

Hoffnung, am
Leben des
Paares teilhaben
zu dürfen

nicht! Ihr seid auch bei uns jederzeit herzlich willkommen und werdet mit offenen Armen empfangen – nicht nur bei Familienfesten. Wenn wir schon mit Frank ein weiteres Familienmitglied haben, möchten wir davon natürlich auch ein wenig profitieren. Also, Sonja: Enthalte ihn uns nicht vor, sondern besucht uns so häufig wie möglich.

Wünsche für die
Zukunft

Für den neuen Lebensabschnitt der Ehe wünschen wir euch, liebe Sonja, lieber Frank, weiterhin so leuchtende Augen und glückliche Gesichter wie am heutigen Tag. Denkt auch daran, dass ihr euch immer auf uns verlassen könnt, komme was wolle. Denn schließlich muss ich mir doch noch ein Hintertürchen offen lassen, um weiterhin zumindest der „zweite" Mann im Leben meiner Tochter zu bleiben – jedenfalls solange noch kein Sohn da ist, der mir diesen Rang streitig machen kann.

Rede der Brautmutter

Typus	Rede
Anlass	Heirat der Tochter
Dauer	ca. 5 Minuten
Stil	besinnlich

Liebe Silke, lieber Martin,

wie sagte der berühmte französische Schriftsteller Albert Camus so passend: „Einen Menschen zu lieben heißt einzuwilligen mit ihm alt zu werden." Genau das habt ihr beide heut getan; ihr habt mit eurer Heirat beschlossen, euer weiteres Leben aus Liebe miteinander zu verbringen. Wir wünschen euch deshalb, dass euch die Liebe bei allem, was ihr tut, nie abhanden kommt.

Zitat als Redeaufhänger

Dazu ist es notwendig, täglich an einer Partnerschaft zu arbeiten. Ihr solltet euch nicht darauf verlassen, dass die Liebe immer konstant bleibt. Nein, sie verändert sich im Laufe der Zeit. Ist man am Anfang noch stürmisch verliebt, glätten sich bald die ersten Wogen der Leidenschaft. Nun kommt die Phase, in der man die Macken des anderen erstmals bewusst wahrnimmt.

Ratschläge, bezogen auf das Zitat

Viele Menschen verfallen nun auf die Idee den anderen nach dem eigenen Wunschbild formen zu wollen. Glaubt mir: Das ist das Falscheste, was man tun kann. Entweder sträubt sich derjenige, der verändert werden soll, mit Händen und Füßen dagegen, oder er versucht tatsächlich sich den Wünschen des anderen anzupassen. Beides bringt große Probleme mit sich. Will der eine bleiben, wie er ist, kann dies zu heftigen Streitereien zwischen den Partnern führen. Dabei bleiben immer Wunden zurück. Passt sich einer dem anderen an, bleiben die Kämpfe untereinander zunächst aus. Nun kann es allerdings passieren, dass derjenige, der sein Ziel erreicht hat, nicht zufrieden mit dem Ergebnis ist. Möglicherweise gefällt ihm die Veränderung des anderen doch nicht; schließlich ist der andere nicht mehr der Mensch, in den man sich einmal verliebt hat. Ihr seht schon, das Herumdoktern an den Eigenarten des anderen wirft nur Probleme auf.

Warnung, sich nicht zu sehr aneinander zu gewöhnen Wenn ihr diesen Abschnitt des Zusammenlebens gemeistert habt, warten andere Schwierigkeiten auf euch. Jetzt kommt nämlich die Zeit, die ich als Gewöhnungsphase bezeichne. Ihr kennt einander nun genau, es gibt nicht viel Neues mehr zu entdecken. Ihr habt euch aneinander gewöhnt und das Zusammenleben wird nur zu bald gewöhnlich.

„Halt!", kann ich da nur laut ausrufen, „Vorsicht, passt auf!" Wenn ihr euch zu sehr an alles gewöhnt habt, wird euch rasch langweilig. Darunter leidet meistens die Liebe; der Partner wirkt bald uninteressant. Schon befindet ihr euch auf der Suche nach neuen Herausforderungen. In solch einer Situation trifft man häufig auf einen anderen Menschen, der um vieles interessanter zu sein scheint als der gewohnte Partner. Was dann passiert, brauche ich euch wohl nicht weiter zu schildern.

Daher gebt gut Acht, dass ihr immer wieder aus dem gewohnten und letztlich bequemen Trott ausbrecht und euren Partner überrascht. Nur so gelingt es euch, die Liebe wirklich über Jahre hinweg aufrechtzuerhalten. Legt Wert darauf, immer wieder aufs Neue gemeinsam schöne Dinge zu erleben und nehmt die Anwesenheit des anderen nicht als selbstverständlich hin. Betrachtet sie stattdessen jeden Tag als Geschenk. Dann – ich bin mir sicher – schafft ihr es bestimmt, gemeinsam in Liebe alt zu werden.

Das waren jetzt genug gute Ratschläge, meint ihr nicht auch? Darum lasst uns nun endlich beginnen, eure Heirat richtig zu feiern! Dieser Tag soll euch schließlich immer als ein besonders schöner im Gedächtnis bleiben. Erhebt daher alle mit mir das Glas, um auf Silke und Martin anzustoßen und ihr Glück mit unseren Wünschen zu besiegeln. Auf dass ihr, Silke und Martin, euch auch weiterhin so gut versteht wie heute!

Auflockernde Worte und Aufruf zum Feiern

Der Vater des Bräutigams spricht

Typus	Ansprache
Anlass	Heirat des Sohnes
Dauer	ca. 4 Minuten
Stil	unkonventionell, heiter

Liebes Brautpaar, liebe Gäste,

in Deutschland entschließen sich jährlich rund 900 000 Menschen zu heiraten. Man muss sich das einmal bildlich vorstellen: Das ist in etwa die dreifache Einwohnerzahl Islands. Wenn man so will, läuten etwa 2 500-mal am Tag die Hochzeitsglocken. Und da sprechen die Politiker von Ehemüdigkeit und die Soziologen vom Ende der Familie. Da kann doch was nicht stimmen!

Ehestatistik, bildhaft aufbereitet

Schön, dass auch ihr beide heute die Politiker und Soziologen widerlegt. Aber das habt ihr ja schon seit eurer Geburt getan. Schließlich seid ihr zu einer Zeit geboren worden, als davon die Rede war, es kämen aufgrund des Pillenknicks kaum noch Kinder zur Welt. Einige Zeit später hieß es, die jungen Leute seien nicht mehr rebellisch. Als du, mein lieber Sohn, im zarten Alter von zehn Jahren dagegen rebelliertest, dass wir deine Kleidung aussuchen, konnte ich dies Statement leider nicht unterschreiben. Einige Jahre darauf sprach man davon, die Jugend von heute besäße keine Allgemeinbildung mehr. Kurze Zeit später bat mich mein Sohn neben der Lokalzeitung noch ein überregionales Blatt zu abonnieren, damit wir alle mehr davon mitbekämen, was so in der Welt geschieht.

Aus diesem Grund glaube ich prinzipiell nichts mehr von dem, was Meinungsforscher und Politiker so über die Jugend von sich geben. Doch kurz nachdem ihr mir mitgeteilt habt, dass ihr heiraten wollt, las ich erneut eine Untersuchung – ich kann es einfach nicht lassen. Diesmal hoffe ich allerdings stark, dass ihre Ergebnisse zutreffen. Schließlich lagen die Meinungsforscher bei euch so oft falsch, dass sie vielleicht zufällig auch einmal Recht haben könnten. Ein blindes Huhn findet auch einmal ein Korn. Worum es in dieser Umfrage ging? Es ging um die Einstellung der jungen Menschen zu Treue und Partnerschaft. Die Ergebnisse waren erstaunlich: Die Zeiten sind vorbei, in denen es wichtig war, möglichst viele Erfahrungen zu machen. Treue, Liebe und Vertrauen sind keine Worthülsen mehr, sondern bedeuten den jungen Leuten wieder etwas. Sogar die jungen Männer legen Wert auf Romantik und Gefühle.

Wenn ich euch beide so ansehe, meine ich, dass diese eine Untersuchung endlich einmal ins Schwarze trifft. Ihr habt euch das mit dem Heiraten – das habt ihr uns zumindest gesagt – ganz genau überlegt. Und das glaube ich euch. Du, mein Sohn, hattest schon immer gute Gründe für deine Entscheidungen. Selbst als du mit deinen zehn Jahren sagtest, du wolltest von nun an deine Kleidung selbst aussuchen, hattest du ein gutes Argument dafür. Du meintest, dass deine Mutter und ich nicht wüssten, was unter euch „jungen Leuten" modern sei. Und du wolltest schließlich kein Außenseiter sein. Diesen Grund mussten deine Mutter und ich akzeptieren. Und genauso glauben wir, dass ihr einen guten Grund zum Heiraten habt.

Doch was die Meinungsforscher und Politiker anbetrifft, so wäre es mir eigentlich lieber, wenn ihr die neueste Untersuchung erneut widerlegt: Sie besagt, dass die Zahl der Geburten in Deutschland zurückgeht, weil die jungen Leute ihr Geld lieber für sich selbst als für Kinder ausgeben. Da gibt es sicher auch Gründe, die nichts mit Geldausgeben zu tun haben – aber wie viel mehr Gründe gibt es doch, sich für Kinder zu entscheiden! Auf euch!

Hoffnung auf ein Enkelkind

Die Mutter des Bräutigams spricht

Typus	Rede
Anlass	Heirat des Sohnes
Dauer	ca. 5 Minuten
Stil	heiter, nachdenklich

Liebe Kinder, liebe Freunde,

Direkter Einstieg in das Thema Ehe

über die Ehe haben schon viele intelligente Menschen etwas gesagt. Unter den Sprüchen und Bonmots dieser berühmten Leute findet sich sowohl Böses als auch Gutes. Was haltet ihr davon, wenn wir einige dieser Zitate mal etwas näher unter die Lupe nehmen?

Einschätzung des Brautpaares anhand verschiedener Zitate

Der Altmeister unter den Regisseuren, Alfred Hitchcock, sagte einmal: „Richtig verheiratet ist der Mann, der jedes Wort versteht, das seine Frau nicht gesagt hat." Diesen Satz, mein lieber Philipp, könntest du dir gleich einmal merken, dann gibt es von vornherein weniger Verständigungsprobleme zwischen dir und deiner frisch angetrauten Frau Petra. Dein Vater hat sich oft an diesen Spruch gehalten – ich habe nichts gesagt und er hat mir beispielsweise das Haushaltsgeld hingelegt oder mich nach meinen Problemen gefragt. Auch wenn ihr zwei euer eigenes Geld verdient, gibt es bestimmt andere Gelegenheiten, bei denen sich das Bonmot Hitchcocks bewahrheitet, zum Beispiel beim Aufräumen. Denk an diesen Satz und du brauchst nur Petras Blick zu sehen, um zu verstehen, dass sie deine Unterstützung bei der Hausarbeit haben möchte.

Doch nun zu einem anderen wichtigen Thema. Der deutsche Philosoph Friedrich Nietzsche prägte den meiner Meinung nach sehr wahren Satz: „Nicht der Mangel an Liebe, sondern der Mangel an Freundschaft macht die unglücklichen Ehen." Er meint – so habe ich es zumindest verstanden –, dass eine Ehe nicht nur auf Liebe, sondern zu einem großen Teil auch auf Freundschaft beruhen muss, damit sie gelingen kann. Da mache ich mir bei euch allerdings wenig Sorgen, denn als ich dich, Philipp, fragte, ob du deinen besten Freund auch zu deiner Hochzeitsfeier eingeladen hast, sagtest du verschmitzt: „Aber natürlich, den heirate ich doch!" Ich denke, Petra, das ist das größte Kompliment, das dir Philipp machen kann, und ich vermute, du denkst genauso. Dass die Liebe bei eurer Entscheidung für die Ehe ebenfalls eine große Rolle gespielt hat, merken sicherlich alle hier Anwesenden. Daher glaube ich, dass wir keine Angst haben müssen, dass ihr mit eurem Entschluss zu heiraten unglücklich werdet – ganz im Gegenteil.

Als Letztes möchte ich noch den französischen Schriftsteller Antoine de Saint-Exupéry zitieren: „Liebe besteht nicht darin, in den anderen hineinzustarren, sondern darin, gemeinsam nach vorn zu blicken." Denkt einmal einen kurzen Augenblick über diesen schönen Satz nach. Ich habe ihn so verstanden, dass man sich in einer Liebesbeziehung nicht nur aufeinander fixieren sollte. Dies würde Stillstand und Abkapselung von der Wirklichkeit bedeuten. Stattdessen sollte man sich gemeinsam auch auf andere Dinge und natürlich auf andere Menschen konzentrieren, um sich zusammen weiterzuentwickeln. Bei euch beiden habe ich keinerlei Befürchtungen, dass ihr es schaffen werdet, neben eurer Partnerschaft weitere Dinge gemeinsam anzugehen. Schließlich habt ihr – wie man heute unschwer sehen kann – einen großen Freundeskreis und viele ähnliche Interessen. Es wird euch gelingen auch weiterhin „gemeinsam nach vorn zu blicken", wie Saint-Exupéry es ausdrückte.

Wünsche für die Zukunft

Genug der Sprüche kluger Leute. Ich als deine Mutter, Philipp, und seit heute als deine Schwiegermutter, Petra, kann euch nur noch eins mit auf den weiteren Weg geben: Bleibt wie ihr seid und möglichst immer so glücklich wie heute!

Ansprache eines „Trauzeugen"

Typus	Ansprache
Anlass	Glückwünsche des Trauzeugen
Dauer	ca. 3 1/2 Minuten
Stil	heiter, informativ

Liebe Julia, lieber Markus,

Kurzer Rückblick auf das Geschehen im Standesamt

ich stand vorhin – als nun inoffizieller Trauzeuge – ganz nah bei euch, als ihr auf dem Standesamt eure Heiratsurkunde unterzeichnetet. So sah ich auch als Erster, wie du, Markus, zum ersten Mal mit deinem neuen Nachnamen unterschrieben hast. Ich wusste, dass du vorher schon geübt hast, aber dass dir die Unterschrift so locker von der Hand gehen würde, hätte ich nicht gedacht. Als hättest du nie mit einem anderen Namen unterschrieben. Mir schien, dass Julias Unterschrift zittriger war als deine, und auch ich war so aufgeregt, dass mir mein Name fast nicht eingefallen wäre.

Das mit dem Namen ist ja so eine Sache: Noch immer ist es ungewöhnlich, wenn ein Mann den Nachnamen seiner Frau annimmt. Doch ich finde es wirklich gut, dass Markus keine Scheu hatte, seinen Namen zu ändern. Dies zeugt von wahrer Eman(n)zipation, geschrieben mit Doppel-N. Verständlich auch, dass Julia unbedingt ihren Namen behalten wollte. Schließlich ist sie in ihrer Familie das einzige Kind und der Name wäre ausgestorben, wenn sie ihn bei ihrer Heirat aufgegeben hätte.

Vielleicht werden einige von Ihnen nun einwenden, dass beide auch ihren eigenen Namen hätten behalten können. Doch genau das wollten sie nicht, da ihre Kinder einmal genauso heißen sollen wie beide Elternteile. Und auf einen Doppelnamen haben sie verzichtet, weil der bei der Länge beider Nachnamen kaum mehr Platz auf einer Scheckkarte, geschweige denn auf der Heiratsurkunde gefunden hätte. Doch Spaß beiseite – Julia und Markus müssten sich ja in jedem Fall für einen Familiennamen entscheiden, für den Fall, dass sich Nachwuchs ankündigte. Um Verwirrungen zu vermeiden, haben sie sich gleich für einen gemeinsamen Namen entschieden.

Apropos Verwirrung: Sind Sie jetzt alle verwirrt genug von dem ganzen Namenswirrwarr? Dann werde ich meine Rede jetzt wohl besser beenden, jedoch nicht ohne mich vorher noch einmal bei euch, Julia und Markus, für das große Vertrauen zu bedanken, das ihr in mich gesetzt habt, als ihr mich als Trauzeugen ausgewählt habt. Ich bin froh, dass ich mit meinem Namen eure beziehungsweise eigentlich ja nur Markus' Namensänderung bezeugen durfte. Ich wünsche euch, dass es euch gelingt, all eure Träume zu verwirklichen – natürlich unter eurem gemeinsamen Namen!

Das Ehepaar und die Wahl des Namens

Danksagung an das Paar

Der Großvater der Braut spricht aus Erfahrung

Typus	Rede
Anlass	der Großvater gratuliert
Dauer	ca. 4½ Minuten
Stil	festlich

Liebe Sabine, lieber Manfred, liebe Eltern des Brautpaars, liebe Hochzeitsgäste,

Der Redner erklärt seine Kompetenz für dieses Thema

es ist, wie man mir zweifellos ansieht, schon eine Weile her, dass ich geheiratet habe. Seitdem habe ich außerdem ein paar Hochzeiten als Gast miterlebt und die neuen Ehen genau beobachtet. Ich schicke dies voraus, damit ihr versteht, warum ich als Großvater der Braut hier und heute das Wort ergreife: Ich spreche aus Erfahrung. Was ich über die Ehe zu sagen habe, das könnt ihr mir getrost glauben.

Überleitung zum Kernpunkt der Rede über Hochzeit und Ehe

Die Ehe hat etwas mit Liebe zu tun, das steht außer Frage. Den lebenden Beweis sehen wir hier an unserer Festtafel. Das ist gut so. Wie sonst könnte man die kleinen Fehler des Partners – ja, die hat leider jeder – übersehen und ertragen, die manchmal den Alltag schwer machen? Das fängt an mit der nicht wieder verschlossenen Zahnpastatube und hört noch lange nicht auf mit der Frage: „Wieso brauchst du schon wieder ein neues Kleid?" Oder: „Warum kümmerst du dich mehr um deine Vereinskameraden als um mich?" Wie gesagt, wunderbar wie die Liebe ist, glättet sie auch solche an sich lächerlichen Reibungspunkte.

Die Ehe bedeutet auch Solidarität. Das steckt ja schon in den Worten „in guten wie in schlechten Tagen". Und damit ist nicht das Wetter gemeint. Also, ihr beiden, tut mir den Gefallen und werft nicht gleich die Flinte ins Korn, selbst wenn's mal ordentlich hagelt. Unwetter haben die Angewohnheit, sich wieder zu verziehen. Und: Versöhnung erzeugt auch eine wunderbare Stimmung. Aber das werdet ihr alles noch früh genug selbst erfahren, falls ihr das nicht ohnehin schon wisst.

Liebe Sabine, denk bloß nicht, Großmutter und ich wären immer ein Traumpaar gewesen, wie es vielleicht manchmal scheinen mag. Auch deine Eltern hatten ihre Kämpfe. Nur haben sie wie wir immer darauf geachtet, dass unsere Partner in unseren Konflikten keine tiefen Schrammen abgekriegt haben. Wenn es trotz aller Bemühungen einmal vorgekommen ist, haben wir die seelischen Wunden gepflegt. Auch das ist Liebe. Ehe ist eben manchmal mühsam und fordert Selbstbeschränkung. Sie ist ein ständiger Kompromiss.

Überleitung zu positiven und fröhlichen Aspekten der Ehe

Gleichzeitig ist sie aber auch ein Quell der Freude. Wie haben wir uns über unsere Kinder gefreut und über unsere Enkel. Vielleicht schaffen wir es ja auch noch, unseren Urenkel kennen zu lernen. Und was gibt es Schöneres, als dem, den du liebst, einen Wunsch zu erfüllen? Die strahlenden Augen eurer Großmutter waren eine wirkliche Belohnung, wenn ich ihr zum Geburtstag ein Körbchen mit Erdbeeren mitbrachte, die sie doch so gerne isst. Damals war das noch etwas Besonderes – Erdbeeren im Winter.

Und die vielen Abenteuer, die wir gemeinsam bestanden haben. Zum Beispiel auf unseren Reisen. Wie damals, als ich in unserem Ferienort in Italien nach dem Tanken meine Brieftasche auf dem Autodach vergessen hatte – mit Führerschein und Ausweis drin. Dein Vater, dein Onkel und ich dachten schon, sie müssten mich über die Grenze schmuggeln. Nur Großmutter behielt die Nerven und blieb ganz ruhig. Spät am Abend stand plötzlich der nette Tankwart in unserer Pension und hatte die Brieftasche in der Hand. Über diesen Zwischenfall haben wir später noch so oft gelacht.

Plädoyer für die Ehe mit einem Kompliment an die eigene Frau

Aber auch in vielen anderen Situationen behielt Großmutter die Übersicht, hat mich, wenn ich mal wieder richtig sauer war, in ihrer ruhigen Art von spontanen und deshalb oft falschen Reaktionen oder unbedachten Äußerungen zurückgehalten. Das ist nämlich auch Liebe: den anderen zu kennen, ihn zu unterstützen und – wenn es sein muss – vor sich selber zu schützen.

Ich habe es immer als etwas Besonderes empfunden zu wissen, dass es jemanden gibt, der weiß, wie ich fühle, wie ich denke. Jemanden, der mich versteht. Der mich tröstet, wenn es nötig ist. Der mich aufbaut. Der mir Selbstvertrauen gibt.

Trinkspruch verwendet ein Prominentenzitat

Die Ehe, glaubt mir, ist wirklich etwas Wunderbares. Oder, um es mit den Worten der Schauspielerin Luise Ullrich zu sagen: „Ich finde, es ist noch nichts Besseres erfunden worden als die Ehe." Darauf erhebe ich mein Glas.

Die Großmutter
des Bräutigams gratuliert

Typus	Ansprache
Anlass	Heirat des Enkels
Dauer	ca. 3 Minuten
Stil	erzählend, heiter

Lieber Enkel, liebe Schwiegerenkelin, liebe Hochzeitsgäste,

natürlich glaube ich nicht, dass es den Ausdruck Schwiegerenkelin überhaupt gibt, aber wenn man Schwieger-
tochter sagt, dann kann man wohl auch von einer
Schwiegerenkelin reden, oder? Wie auch immer: Ich
möchte euch zu eurer Liebesheirat gratulieren.

Gratulation zur Liebesheirat

Vielleicht wundert ihr euch nun schon wieder, dass ich
das etwas altmodische Wort „Liebesheirat" gebrauche,
aber das hat seinen Sinn. Ich will damit zum Ausdruck
bringen, wie glücklich ihr sein könnt, in einer Zeit auf-
gewachsen zu sein, in der die Liebesheirat zumindest in
unserem Kulturkreis die Regel und nicht die Ausnahme
ist. Sonst, mein lieber Enkel, hätten nämlich deine Eltern
die ihrer Meinung nach passende Braut für dich ausge-
sucht und deine Hochzeit arrangiert, ohne dich überhaupt zu fragen.

Die Ehe im Wandel der Zeit

Oder stellt euch vor, ihr wärt im alten Orient aufge-
wachsen: Dann wärst du, Anja, vielleicht eine von den
vielen Ehefrauen Bernds gewesen. Denn dort herrschte
die so genannte Polygamie, die Vielehe. Ich kann mir
auch nicht vorstellen, dass Bernd das gefallen hätte, denn

er hätte alle seine Ehefrauen versorgen müssen. Wenn er arm gewesen wäre, dann hätte er sich vielleicht noch nicht einmal eine Frau leisten können.

Hättet ihr hingegen im Mittelalter gelebt, hättet ihr möglicherweise einen Lehnsherren gehabt, der darüber bestimmt hätte, wen ihr heiratet. Womöglich hätte er zudem das Recht der ersten Nacht eingefordert: Die Braut hätte die Hochzeitsnacht im Bett des Grundherrn verbringen müssen. Grauenvolle Vorstellung, oder?

Im 19. Jahrhundert und auch zu Anfang des 20. Jahrhunderts war die so genannte Zweckheirat weit verbreitet. Bei dieser Form der Lebensgemeinschaft versorgte der Mann die Frau, sie führte dafür seinen Haushalt und gebar ihm Kinder. Aus Liebe wurde nur ganz selten geheiratet.

Zitat mit Bezug auf das Brautpaar

Heute gibt es natürlich auch in unserer Gesellschaft noch eine ganze Reihe Männer und Frauen, die nicht aus Liebe, sondern wegen des Geldes, das der zukünftige Partner besitzt, heiraten. Ich bin aber froh, dass man bei euch beiden merkt, dass ihr keinen anderen Grund als die Liebe hattet, als ihr euren Heiratsentschluss gefasst habt. Denn wie man an Bernds Großvater und mir unschwer erkennen kann: „Alter schützt vor Liebe nicht, aber Liebe vor dem Altern". Ich wünsche euch, dass dieser Satz der Modemacherin Coco Chanel in ferner Zukunft auch auf euch zutreffen wird und gratuliere euch noch einmal von ganzem Herzen!

Eine Schwester der Braut gratuliert

Typus	Ansprache
Anlass	Hochzeit der Schwester
Dauer	ca. 3 ½ Minuten
Stil	heiter, erzählend

Liebes Schwesterchen, lieber Georg,

so eine Trauung wie eure – da werden mir sicherlich die anderen Hochzeitsgäste zustimmen – erlebt man nicht alle Tage. Ich war ziemlich erstaunt, als vorhin in der Kirche nicht der Pfarrer die alles entscheidende Frage, ob ihr einander heiraten wollt, an euch gerichtet hat, sondern dass ihr euch selbst gegenseitig gefragt habt. Du hattest mir zwar vor eurer Hochzeit schon gesagt, dass wir alle noch eine Überraschung erleben werden, doch damit hatte ich nun wirklich nicht gerechnet. Ihr sorgt schon dafür, dass wir aus dem Staunen nicht herauskommen.

Denn mit der Bekanntgabe eurer Hochzeit habt ihr schließlich auch alle verblüfft. Vor einem knappen halben Jahr habt ihr euch kennen gelernt und schon seid ihr verheiratet. Ihr habt nach der Devise „Drum binde sich, wer nicht ewig prüfen will" gehandelt, die, wenn ich mich recht entsinne, der Immunbiologe Gerd Uhlenbrock in einer Umkehrung von Friedrich Schillers berühmtem Vers geprägt hat. Und häufig sind die schnellen Entschlüsse auch die besten. Man merkt auch, wie gut ihr beiden miteinander harmoniert. Oft habt ihr die-

Rückblick auf die Trauung

Rückblick auf das Kennenlernen des Paares

selben Ideen zur selben Zeit, ihr habt ähnliche Ansichten und fast gleiche Interessen. Auch wenn immer wieder gesagt wird, dass sich die Gegensätze anziehen, ist es aus meiner Erfahrung besser, wenn es in einer Partnerschaft eine gemeinsame Basis gibt. Es ist immer schwierig, wenn der eine Partner zum Beispiel liebend gerne Hochseefischerei betreibt und es schön fände, wenn der andere ihn begleitete, diesem aber auf hoher See stets speiübel wird und er lieber zu Hause im warmen Bett liegen und ausspannen möchte. Häufig entfremden sich die Partner über kurz oder lang wegen ihrer verschiedenen Interessen. Das kann euch nicht passieren, denn ihr seid beide begeisterte Surfer (beim Surfen habt ihr euch ja auch kennen gelernt), wandert gern, seid auch sonst sehr sportlich, könnt aber genauso gut auch mal einen ganzen Sonntagnachmittag faulenzend im Bett verbringen. Außerdem seid ihr beiden Freunde schneller Entscheidungen und immer für Überraschungen gut, wie man sieht.

Wünsche für die Zukunft Ich wünsche euch, dass euer gemeinsames Leben weiterhin so spannend verläuft wie bisher und hoffe, dass auch ihr zusammen noch genauso viele schöne Überraschungen erlebt wie wir heute in der Kirche.

Ein Bruder der Braut gratuliert

Typus	Ansprache
Anlass	Hochzeit der Schwester
Dauer	ca. 3 Minuten
Stil	feierlich, poetisch

Meine liebe, kleine Schwester, lieber Klaus,
liebe Freunde,

als älterer Bruder von Ilka ist für mich heute auch ein ganz besonderer Tag. Ich war nämlich schon skeptisch, ob Ilka jemals den Mann ihrer Träume finden würde. Keiner war ihrer Meinung nach der Richtige. Ilka machte sich jedoch – im Gegensatz zu mir – keine Sorgen. Sie war immer der festen Überzeugung, dass sie irgendwann auf den Mann ihres Lebens treffen würde und wenn dies der Fall wäre, würde sie ihn auch sofort erkennen. Und tatsächlich, kaum tratst du, Klaus, in ihr Leben, wusste sie sofort, dass ihr heiraten würdet. Das hört sich an wie ein Märchen, nicht wahr? Aber vielleicht hat ja die ganze Liebesgeschichte ihren Ursprung sogar im Märchen …

Es war einmal ein Mädchen namens Ilka. Ilka liebte Geschichten, die mit „es war einmal" begannen oder sonst irgendwie märchenhaft waren. Besonders faszinierten sie die Sagen der verschiedenen Völker. Eine Geschichte – ich glaube, sie war indianischer Herkunft, bin mir aber nicht mehr ganz sicher – hatte es ihr besonders angetan: Nach dieser Sage waren Mann und Frau in grauer Vorzeit als Einheit geschaffen worden. Dann wider-

Das Kennenlernen des Ehepaares aus der Sicht des Bruders

Rückblick auf die Jugend der Schwester, erzählt als Märchen

setzten sie sich jedoch ihrem Schöpfer, der sehr erzürnt reagierte. Er spaltete Mann und Frau durch einen Blitz in der Mitte und schleuderte sie so weit auseinander, dass sie durch Ozeane voneinander getrennt wurden. Seitdem sind sowohl der Mann als auch die Frau ständig auf der Suche nach ihrem verloren gegangenen Gegenstück, um ihre Einheit wiederherzustellen. Das Mädchen Ilka liebte diese Geschichte. Sie fand so viel Gefallen daran, dass sie begann, nach ihrem Gegenstück zu suchen. Und sie wusste, sie würde es erkennen.

Übertragung des Märchens auf die Hochzeitssituation

So oder so ähnlich muss es dir, Ilka, wohl ergangen sein. Du hast schließlich mit Klaus dein Gegenstück gefunden. Und ich habe den Eindruck, Klaus sieht in dir ebenfalls seine verloren gegangene zweite Hälfte. Zusammen bildet ihr jedenfalls eine Einheit. Das spürt man sofort, wenn man euch zusammen sieht. Und wenn sogar dein Bruder das mitbekommt, den du immer für etwas begriffsstutzig gehalten hast, dann muss da ja wohl etwas Wahres dran sein. Für eure Zukunft kann ich euch daher nur eines wünschen, dass euer ganz privates Märchen niemals endet.

Eine Schwester des Bräutigams spricht

Typus	Ansprache
Anlass	Hochzeit des Bruders
Dauer	ca. 3 Minuten
Stil	heiter

Liebe Meike, lieber kleiner Bruder,

ich habe bis zum heutigen Tage nicht geglaubt, dass ihr beiden wirklich heiraten würdet. Ihr hattet so viele Gründe, aus denen ihr hättet heiraten können, und keinen habt ihr zum Anlass genommen. Stattdessen gebt ihr euch nun einfach aus heiterem Himmel das Jawort. Aber warum soll ich meckern, ich freue mich natürlich riesig für euch.

Ausdruck der Ungläubigkeit über die Heirat

Der erste Grund, aus dem ihr meiner Meinung nach hättet heiraten sollen, waren die Steuern. Während du noch studiertest, lieber Andreas, hat Meike schließlich schon hart gearbeitet. Sie hätte eine Menge Steuern sparen können, wenn ihr damals bereits geheiratet hättet. Schließlich hattet ihr schon einige Zeit zusammengelebt. Aber das schnöde Geld sei für euch kein Grund zum Heiraten, habt ihr beide damals einvernehmlich erklärt. Dagegen kann man natürlich nichts einwenden.

Gründe, warum der Bruder hätte heiraten sollen

Auch den zweiten Grund zum Heiraten habt ihr verstreichen lassen: Andreas fand nach seinem Studium eine Stelle in Hannover. Das ist natürlich eine ganze Ecke von Wiesbaden entfernt. Da Meike aber im öffentlichen Dienst arbeitet, hätte sie sich ohne Probleme nach Hannover versetzen lassen können, wenn ihr geheiratet hättet. Ihr habt jedoch erklärt, dass die Liebe auch ohne Trauschein die Landesgrenzen (natürlich nur die der Bundesländer) überwinden würde. Ihr hattet Recht: Andreas fand kurz darauf tatsächlich Arbeit im Rhein-Main-Gebiet.

Der dritte Grund für eine Heirat war für mich allerdings der bedeutendste: Max. Doch auch als er zur Welt kam, habt ihr darauf bestanden, auf eine Eheschließung erst mal noch zu verzichten. Ich verstand die Welt nicht mehr. Würde es denn überhaupt noch einen triftigen Grund für eine Ehe zwischen euch beiden geben?

Der Grund des Bruders für die Hochzeit Und plötzlich teiltet ihr mir mit, dass es nun doch noch etwas wird mit der Ehe. Da war ich natürlich zunächst völlig platt. Als ich euch nach eurem Grund fragte, habt ihr mir grinsend geantwortet: „Ach, wir hatten einfach mal Lust ein Fest zu feiern." Na, dann wollen wir doch einfach einmal auf euch anstoßen. Zum Wohl!

Ein Bruder des Bräutigams spricht

Typus	Ansprache
Anlass	Hochzeit des Bruders
Dauer	ca. 3 Minuten
Stil	feierlich, heiter

Liebe Eva, lieber Jürgen, liebe Gäste,

eigentlich glaube ich ja nicht so recht daran, dass das Schicksal eines Menschen durch die Sterne bestimmt wird. Andererseits habe ich mir gedacht, es wäre doch schön, am heutigen Tag schon etwas über die gemeinsame Zukunft meines Bruders und seiner Frau erfahren zu können. Also habe ich meine Skepsis überwunden und geschaut, was die verschiedenen Horoskope über die Beziehung zwischen einem Widder und einer Löwin sagen. Alle Angaben sind natürlich – wie ihr euch vorstellen könnt – ohne Gewähr, doch die astrologischen Voraussetzungen für eure Ehe können sich sehen lassen!

Vorschlag, gemeinsam in die Zukunft des Brautpaares zu sehen

Widder sind nach übereinstimmender Ansicht aller Horoskope, die ich gewälzt habe, kämpferische, energische Naturen. Löwen geben ebenfalls nur ungern auf, wenn sie sich etwas in den Kopf gesetzt haben. Beide stehen unter dem Zeichen des Feuers. Gemeinsam seid ihr, Eva und Jürgen, daher unschlagbar, wenn ihr auf dasselbe Ziel hinarbeitet. Eure Hochzeitsfeier heute ist der Beweis!

Horoskop für das Brautpaar

Temperamentvoll, aber auch starrköpfig – diese beiden Charaktereigenschaften treffen ebenfalls sowohl auf den

Widder als auch auf den Löwen zu. Langweilig wird es in eurer Ehe also wahrscheinlich nie werden, manchmal solltet ihr euer Temperament aber vielleicht etwas zügeln.

Eine optimistische Lebenseinstellung, das zeichnet Widder und Löwen ebenfalls aus. Selbst wenn sie manchmal Rückschläge verkraften müssen, so schnell wirft sie nichts aus der Bahn. Auch das trifft auf euch beide zu: Sogar wenn nicht immer alles so läuft, wie ihr es euch vorgestellt habt, seid ihr noch fröhlich und lasst euch nicht aus der Ruhe bringen.

Übereinstimmend sagen alle Horoskope, dass Widder und Löwen wie füreinander geschaffen seien. Zwar sind beide Sternzeichen etwas herrschsüchtig, doch nachtragend sind beide nicht. Kommt es mal zum Krach, ist er kurz, aber heftig. Doch schnell darauf vertragen sich Widder und Löwen auch wieder, denn böse kann keiner lange sein.

Einordnung des Horoskops und Wünsche für die Zukunft

Auch wenn ich bislang nicht an die Astrologie geglaubt habe – nachdem ich all diese Horoskope gelesen habe, bin ich überzeugt, dass eure Ehe unter einem guten Stern steht. Darauf, dass euer Glück nicht wie eine Sternschnuppe verglüht und ihr noch viele Sternstunden miteinander verleben werdet, möchte ich nun mit euch anstoßen. Zum Wohl!

Eine gute Freundin der Braut spricht

Typus	Rede
Anlass	Hochzeit einer Freundin
Dauer	ca. 4 ½ Minuten
Stil	berichtend, heiter, zum Ende feierlich

Liebe Katja, lieber Volker,

„Liebe auf den ersten Blick ist ungefähr so zuverlässig wie Diagnose auf den ersten Händedruck." Wenn man aus diesem Bonmot des irischen Schriftstellers George Bernard Shaw den Umkehrschluss zieht, dass Liebe auf den zweiten oder dritten Blick so zuverlässig ist wie eine ärztliche Diagnose nur sein kann, dann habt ihr, Katja und Volker, die Garantie die richtige Wahl getroffen zu haben.

Zitat mit unerwarteter Wendung

Als ihr euch kennen lerntet, hätte wohl keiner vermutet, dass ihr euch jemals näherkommen würdet – im Gegenteil. Ich erinnere mich noch gut daran, was du, Katja, mir über Volker berichtet hast, nachdem du in einem Seminar an der Uni seine Bekanntschaft gemacht hattest. Du bist empört in mein Zimmer in dem Studentenwohnheim gestürmt, in dem wir beide damals lebten. „Kannst du dir vorstellen, was mir heute passiert ist?", hast du mich gefragt – natürlich konnte ich es nicht. „So eine Unverschämtheit, so eine Unverschämtheit!", das waren die Worte, die du vor dich hinmurmeltest. „Was war denn los?", drängte ich. Langsam wurde ich doch recht neugierig. Dann begannst du zu erzählen – von deinem Re-

Bericht über das Kennenlernen der Brautleute, mit Bezug auf den Anfang der Rede

ferat, das du an diesem Tag in dem Politikseminar halten musstest, und von dem unverschämten Typ, der ganz vorne, in einer der ersten Reihen saß und dich die ganze Zeit aufdringlich von oben bis unten musterte und am Ende deines Vortrages eine geschmacklose Bemerkung machte. Du erzähltest mir noch von einer passenden Erwiderung, die du ihm gegeben hättest, und dass du diesen Menschen abscheulich fändest. Es war selbstverständlich, dass ich als deine beste Freundin deine Empörung teilte.

So verlief also eure erste Begegnung. Volker berichtete mir hinterher, dass er sich bei seiner Bemerkung gar nichts gedacht hatte. Auch war ihm nicht klar, dass er dich gemustert haben soll – schließlich hattest du ja ein Referat gehalten. Da sei es für ihn nur natürlich gewesen dir seine volle Aufmerksamkeit zu schenken. Deine heftige Reaktion verstand er überhaupt nicht.

Ihr seid euch daraufhin häufiger begegnet. Vielleicht seid ihr euch nach diesem Zusammenstoß aber auch einfach stärker aufgefallen. Nach einiger Zeit sagtest du mir, Katja, du würdest abends mit Volker ins Kino gehen. Etwas irritiert war ich schon, doch du meintest, irgendwann müsse man das Kriegsbeil begraben und eigentlich sei Volker auch ganz nett.

Einfügen eines passenden Zitats, Ausblick und Wünsche für die Zukunft

So ging alles seinen Gang. Schließlich seid ihr zusammengezogen. Da jeder von euch eine sehr starke Persönlichkeit ist, verlief nicht von Anfang an alles glatt. Aber ihr habt es geschafft, euch zusammenzuraufen, indem ihr euch gegenseitig eure Freiräume gelassen habt. Ihr wusstet genau, dass es nicht das Ziel einer Partnerschaft sein kann, den anderen einzuengen, sondern dass eine Partnerschaft allein auf Freiwilligkeit beruht. Wie sagte der deutsche Schriftsteller Hans Kasper: „Liebe ist ganz aus Freiheit gemacht, kein Muss richtet da etwas aus." Wir wünschen euch, Volker und Katja, dass ihr auch weiterhin dem anderen seine Freiheit lasst und gemeinsam immer so glücklich seid wie am heutigen Tag. Auf euch!

Ein guter Freund des Bräutigams spricht

Typus	Rede
Anlass	Hochzeit eines Freundes
Dauer	ca. 5 Minuten
Stil	heiter

Liebe Brigitte, lieber Matthias,

ihr feiert eine Geldhochzeit, das heißt, ihr habt euch von euren Gästen keine besonderen Geschenke, sondern Geld gewünscht. Das erscheint mir auch sehr vernünftig angesichts dessen, was ich bei anderen Hochzeiten miterlebt habe. Nach der Feier stand das Brautpaar meist mit solch nützlichen Geschenken wie zehn Vasen, vier Fonduetöpfen und drei Raclette-Geräten da. Doch wir, eure Freunde, konnten uns dennoch nicht zurückhalten. Wir müssen euch neben dem Geld einfach noch ein Geschenk machen und das möchte ich euch nun vorstellen: das Erste-Hilfe-Set für die Ehe.
Zunächst haben wir da die rosa Brille. Sie hilft über graue Tage hinweg, die es auch in jeder noch so guten Ehe gibt.

Einleitende Worte zum Thema „Geschenke"

Der Redner packt ein Geschenk aus: ein Erste-Hilfe-Set für die Ehe

Gleichzeitig kann derjenige, der sie aufsetzt, dem Partner damit signalisieren, er solle nicht so missmutig sein. Ich wette, die dunklen Wolken werden mithilfe der Brille rasch vertrieben sein.

Apropos Wolken: Dies Wölkchen, das leider nur aus Pappe und Watte besteht (eine andere konnten wir zu unserem eigenen Missfallen nicht einfangen), soll eure Wolke Nr. 7 sein. Ihr könnt euch darauf zurückziehen, wenn alles um euch herum wieder einmal viel zu hektisch und stressig sein sollte. Auch mit dieser Wolke könnt ihr selbstverständlich eurem Partner ein Signal geben, zum Beispiel dass er sich beruhigen soll, wenn er wütend und aufgebracht ist.

Was haben wir denn hier? Ach ja, die legendären Handschuhe des König Midas! Ihr kennt ja sicher die Sage, nach der dieser König all das, was er anfasste, in Gold verwandelte. Diese Handschuhe haben etwas von dieser Gabe symbolisch in die heutige Zeit gerettet. Sie zeigen an, dass Schweigen Silber und Reden Gold ist. Was, das versteht ihr nicht? Das bedeutet, es ist wichtig alle Probleme, die in einer Partnerschaft auftauchen, möglichst rasch anzusprechen, damit sie nicht zu unlösbaren Problemen werden.

Glaubt es oder glaubt es nicht: Dieser unscheinbare Stein hat sich tatsächlich als Stein der Weisen entpuppt – und ihr bekommt ihn einfach so zu eurer Hochzeit geschenkt. „Wozu soll der denn nun wieder gut sein?", höre ich euch schon fragen. Ganz einfach: Er soll euch die Weisheit verleihen, den anderen immer so zu akzeptieren, wie er ist, auch wenn es Tage gibt, an denen ihr andere Eigenschaften und Verhaltensweisen an eurem Partner vorziehen würdet.

Als Letztes hätte ich noch dieses Wunder-T-Shirt anzu-
bieten. Es ist eigentlich eher ein Geschenk für Brigitte
als für dich, Matthias. Anziehen musst aber du es. Das
T-Shirt macht aus deinem Mann, Brigitte, ganz schnell
wieder einen Supermann, wenn du einmal ein wenig an
seinen Fähigkeiten zweifeln solltest. Ich habe mir von er-
fahrenen Ehefrauen (eine davon ist meine) sagen lassen,
dies käme schon manchmal vor.

Das war es leider – der Erste-Hilfe-Koffer ist leer. Nicht
traurig sein, dass ihr nicht noch mehr von diesen schönen Geschenken bekommt. Es war schon weiß Gott
schwierig genug, all diese wertvollen Gegenstände ihren
Vorbesitzern abzuschwatzen, wie ihr euch sicher vorstellen könnt. Dennoch haben wir, eure Freunde, keine
Kosten und Mühen gescheut, denn schließlich möchten
wir, dass ihr alle Klippen des Ehelebens glorreich um-
schifft ohne Schiffbruch zu erleiden. Wir wünschen euch
alles Glück dieser Welt!

**Wünsche für die
Zukunft**

Ein Verwandter spricht über die Ehe

Typus	Rede
Anlass	ein Verwandter spricht als „neutraler Beobachter"
Dauer	ca. 5½ Minuten
Stil	heiter, locker, unterhaltend

Liebe Freunde, liebe Verwandte, vor allem aber: liebes Brautpaar,

Der Einstieg macht neugierig durch eine rhetorische Frage

ich sehe lauter fröhliche Gesichter vor mir. So gehört es sich an einem fröhlichen Tag wie diesem. An einem Tag, an dem für die Eltern der Brautleute und ganz besonders für das frisch gebackene Ehepaar ein neues Leben beginnt. An dem gefeiert wird, weil zwei Menschen sich getraut haben, sich trauen zu lassen. Doch wisst ihr eigentlich, worauf ihr euch *da eingelassen* habt?

Der Redner nennt seine Quellen, weil sie Kompetenz verleihen

Vor ein paar Tagen habe ich im Lexikon nachgelesen, was den Wissens-Profis alles über die Eheschließung und deren Folgen eingefallen ist. Eine ganze Menge, musste ich feststellen. Durch fast viereinhalb Seiten habe ich mich durchgekämpft. Da habe ich zum Beispiel erfahren, dass das Wort „Ehe" aus dem Althochdeutschen stammt und früher einmal Gesetz bedeutet hat. So klingt dann auch die bürokratische Definition der Ehe: „Eine auf Dauer angelegte Lebensgemeinschaft zweier Menschen verschiedenen Geschlechts." Wer hätte *das* gedacht? „Die wesentliche gesellschaftliche Funktion der Ehe", so steht es tatsächlich im Lexikon, „ist die Ordnung der Beziehung zwischen den Geschlechtern." Und dass die Ehe wegen ihrer gesellschaftlichen Bedeutung unter öffentlichem Rechtschutz steht.

So geht es weiter und weiter. Da wird über Eheberatung geschrieben. Oder über so böse Dinge wie Ehebetrug beziehungsweise Eheerschleichung. Was das ist, ist wieder im besten Behördendeutsch formuliert: „Das arglistige Verschweigen eines Ehehindernisses bei Eingehung einer Ehe oder die arglistige Verleitung des anderen Teils zur Eheschließung." Bis hin zum Eherecht könnte ich noch etliche solcher Beispiele zitieren.

Doch ich will euch keine Angst machen und verrate euch ein Geheimnis: So kompliziert ist die Ehe gar nicht. In der Wirklichkeit nämlich liefert sie viele Gründe, oft zu feiern. Dabei meine ich noch nicht einmal Geburt oder Taufe. Ich spreche von einem anderen Stichwort aus dem Lexikon: Hochzeit. Früher, im Mittelalter wurde jedes hohe Fest so bezeichnet.

Der Redner stellt klar, dass die Ehe wirklich ein Grund zur Freude ist

Das hat sich, wie wir wissen, geändert. Aber eins ist geblieben: Der Tag der Hochzeit ist ein so besonderes Datum, dass wir ihn jedes Jahr begehen – meistens allein oder zusammen mit den Kindern. Doch es gibt auch für große, rauschende Feste Anlass: die Silberhochzeit nach 25 Jahren beispielsweise. Am 50. Hochzeitstag wird dann die goldene Hochzeit gefeiert, die diamantene am 60. und – wenn man ganz großes Glück hat – die eiserne nach 65 Jahren, die Gnaden-Hochzeit nach 70 Jahren und Kronjuwelen-Hochzeit nach 75 Jahren. So jedenfalls die offiziellen Namen der Hochzeitstage.

Aber es gibt noch eine Menge weiterer Anlässe, so ein hohes Fest zu feiern. Man benötigt dafür nur ein bisschen Fantasie. Dazu will ich – ohne Anspruch auf Vollständigkeit – ein paar Möglichkeiten aufzählen: Bremer beispielsweise feiern die so genannte blecherne Hochzeit nach acht Jahren, Holländer die zinnerne schon nach sechseinhalb. Amerikaner lieben's noch lustiger: Sie begehen nach fünf Jahren die hölzerne Hochzeit.

Zwischendurch wird die Rede durch einen Scherz aufgelockert

Im Land der unbegrenzten Möglichkeiten gibt es außerdem noch die papierene Hochzeit. Die wird schon nach einem Jahr gefeiert. Ich vermute, das ist eine Erfindung aus Hollywood. Damit selbst die scheidungsfreudigen Schauspieler mal ein Ehejubiläum feiern können …

Ach ja, im Lexikon habe ich auch vom *Hochzeitsflug* gelesen. Damit ist das Ausschwärmen der Bienen oder Ameisen gemeint. Ich denke aber, die Wissenschaftler und Lektoren haben dabei einen wichtigen Aspekt außer Acht gelassen: die Reise in die Flitterwochen.

Zum Schluss wieder die Verbindung zwischen Lexikon und Brautpaar

Beate und Bernd werden sie sicher genießen. Und auch im *Alltag*, der den Flitterwochen unweigerlich folgt, werden sich die beiden gut verstehen. Wenn man die Harmonie und den liebevollen Umgang der beiden miteinander beobachtet, dann kann man nur zu dem Schluss kommen: Die beiden haben sich gesucht und gefunden. Nicht nur für die Flitterwochen wünsche ich euch eine wunderschöne Zeit. Ich wünsche euch vor allem, dass ihr viele Ehejubiläen feiern könnt. Und uns, dass wir oft mitfeiern dürfen. Am besten schon beim Fest zur papierenen Hochzeit.

Zur zweiten oder weiteren Eheschließung

Der Sohn des Bräutigams spricht bei der Hochzeit eines reiferen Paares

Typus	Ansprache
Anlass	Heirat des Vaters
Dauer	ca. 4 Minuten
Stil	feierlich

Liebe Karla, lieber Vater, liebe Familie und Freunde,

es kommt wahrscheinlich nicht so häufig vor, dass ein Sohn zur Hochzeit seines eigenen Vaters eine Rede halten kann. In der Regel sind noch keine Kinder auf der Welt oder sie sind noch nicht alt genug, um eine Ansprache zu halten, wenn ihr Vater heiratet. Auch ich habe zunächst gezögert, als mein Vater mich bat, zu seiner Eheschließung ein paar Worte zu sagen. Schließlich sollte Karla den Platz an seiner Seite einnehmen, der bis vor einigen Jahren meiner verstorbenen Mutter vorbehalten war. Ich war – wie ihr euch vorstellen könnt – zunächst einmal skeptisch und, ich gebe es nur ungern zu, auch ein wenig eifersüchtig.

Doch ich änderte meine Meinung rasch, als ich sah, wie glücklich ihr miteinander seid. Ich habe dich, Vater,

Eine ungewöhnliche Redesituation

Anfängliche Skepsis

Rasche
Meinungs-
änderung

schon lange nicht mehr so fröhlich, gut gelaunt und lebensfroh erlebt wie an Karlas Seite. Du bist förmlich aufgeblüht. Und auch dir, Karla, scheint mein Vater nicht schlecht zu bekommen. Als du mir neulich dein Alter genannt hast (das ich hier selbstverständlich nicht verrate), war ich doch sehr erstaunt, denn ich hatte dich tatsächlich um einiges jünger geschätzt.

Ich konnte also nicht übersehen, dass ihr beiden euch gegenseitig gut tut. Und dann habe ich mir überlegt, dass es mehr als unfair von einem Sohn wäre, seinem Vater sein Glück nicht zu gönnen. Schließlich erwarte ich von meinem Vater ebenfalls, dass er meine Entscheidungen nicht nur akzeptiert, sondern sie auch gutheißt, wenn er feststellt, dass ich glücklich damit bin.

Als ihr dann auch noch von euren Plänen berichtet habt, konnte ich nur noch staunen. Genauso habe ich mir mein Pensionsalter vorgestellt, hätte aber nie gedacht, dass du, Vater, ähnliche Träume haben könntest. Es ist eine Schande, dass ein Sohn sich so in seinem Vater verschätzt wie ich. Ich hätte dich ja auch einmal fragen können, was du gerne machen würdest. Statt dir zuzuhören, hab ich dir nur von mir erzählt und du hast immer interessiert gelauscht. Ein ganz schön egoistischer Sohn bin ich, das muss man schon sagen!

Aber nun zurück zu euren gemeinsamen Plänen: Ihr habt mir erzählt, dass ihr längere Reisen in Länder vorhabt, in denen ihr noch nie wart, und dass ihr auch gerne einmal den Winter in wärmeren Regionen verbringen möchtet. Tanzen wollt ihr gehen, neue Leute kennen lernen und euer Leben genießen. Was wäre ich für ein Sohn, wenn ich dagegen etwas einzuwenden hätte? Im Gegenteil: Ich freue mich darüber, dass ihr beide noch lange nicht daran denkt, euch zum alten Eisen zu zählen, und werde euch unterstützen, so gut ich kann. Ich hoffe, ihr verzeiht mir noch einmal, dass ich zunächst so skeptisch reagiert habe. Aber ihr wisst ja: Kinder sind häufig zunächst gegen die Entscheidungen ihrer Eltern, bis sie feststellen, dass die Eltern doch Recht haben.

Ich wünsche euch, liebe Karla, lieber Vater, dass ihr noch möglichst viele Jahre gemeinsam in Gesundheit verbringen könnt. Ich möchte nun mit euch darauf anstoßen, dass all eure gemeinsamen Träume in Erfüllung gehen. Auf euch!

Wünsche für die Zukunft

Die Tochter der Braut spricht bei der Hochzeit eines reiferen Paares

Typus	Ansprache
Anlass	Heirat der Mutter
Dauer	ca. 3 Minuten
Stil	feierlich

Liebe Mutter, lieber Hans,

vielleicht kennt ihr folgenden Ausspruch von Arthur Schnitzler: „Bereit sein ist viel, warten können ist mehr, doch erst den rechten Augenblick nützen ist alles." Ich habe das Gefühl, ihr habt heute den Augenblick genutzt, auf den ihr bereits einige Zeit gewartet habt – ihr habt es gewagt, zum zweiten Mal zu heiraten.

Passendes Zitat zur Eheschließung

Positive Bewertung, dass beide Partner schon Erfahrung mit der Ehe haben

Von dir, Mutter, wusste ich ja bereits, dass du eine unverbesserliche Optimistin bist, und glaub bitte nicht, dass ich das negativ meine – ganz bestimmt nicht. Selbst nachdem du dich vor Jahren von deinem ersten Mann getrennt hast, hast du nicht aufgegeben an die Liebe zu glauben. Und du hattest Recht. Schließlich bist du nach einiger Zeit Hans begegnet, der ebenfalls schon eine Ehe hinter sich hatte. Ihr habt euch zwar zunächst vorsichtig aneinander herangetastet, doch nach einiger Zeit war euch klar, dass ihr jemanden gefunden habt, mit dem ihr einen neuen Eheversuch starten wolltet.

Warum auch nicht? Wie der Schriftsteller Peter Tille einmal sagte: „Es gibt keine unnützen Erfahrungen, nur ungenutzte." Aus eurer ersten Eheerfahrung habt ihr beide etwas gelernt: wie man eine Ehe nicht führen sollte. Ich bin mir sicher, dass ihr nicht noch einmal dieselben Fehler macht. Natürlich weiß ich, dass es für keine Ehe eine Bestandsgarantie gibt, aber ihr bringt zumindest die besten Voraussetzungen dafür mit, dass sie hält. Ich glaube auch, ihr hättet auf diese Heirat verzichtet, wenn ihr eurer Sache nicht ziemlich sicher gewesen wärt.

Glückwünsche

Deshalb habe ich auch überhaupt keine Bedenken, meine Mutter wieder verheiratet zu sehen. Manche Kinder haben ja Probleme damit, wenn ihre Eltern nach der ersten Ehe erneut heiraten. Aber dir, Mutter, wird es bestimmt gut bekommen. Außerdem hast du mit Hans den besten Ehemann bekommen, den man sich für seine Mutter wünschen kann. Daher hoffe ich, dass der zweite Versuch gleichzeitig der – im besten Sinne – letzte gewesen sein wird. Ich gratuliere euch ganz herzlich zu eurem Entschluss, euer Leben miteinander zu teilen, und wünsche euch das Allerbeste für eure Ehe.

Ein Freund des Bräutigams spricht

Typus	Ansprache
Anlass	Zweite Heirat des Freundes
Dauer	ca. 4 Minuten
Stil	eher heiter

Liebe Franziska, lieber Clemens,

Elizabeth Taylor hat es getan, Marilyn Monroe ebenfalls, genauso Pablo Picasso und Mick Jagger: Sie haben nicht nur einmal, sondern mehrmals geheiratet. Ihr, oder besser du, Clemens, reiht euch nun in diese illustre Gesellschaft ein. Clemens hat schließlich bereits eine Ehe hinter sich. Nun traut er sich, sich noch einmal trauen zu lassen.

Aufzählung berühmter Personen, die sich scheiden ließen und wieder heirateten

Du musst schon etwas Besonderes sein, Franziska. Denn bevor er dich kennen lernte, hat Clemens mir immer gesagt, er würde ganz bestimmt kein zweites Mal heiraten. Nach seiner Scheidung war sein Lieblingsausspruch zur Ehe ein Satz des ebenfalls geschiedenen Schauspielers und Regisseurs Woody Allen: „Die Ehe ist der Versuch, zu zweit mit den Problemen fertig zu werden, die man alleine niemals gehabt hätte."

Wenn Clemens eine Frau kennen lernte und sie ihm gegenüber das Wort Heirat auch nur in einem Nebensatz erwähnte – schwupps, weg war er! Doch nachdem er dich getroffen hatte, Franziska, war plötzlich alles anders. Vielleicht auch, weil du dich ihm gegenüber zunächst sehr abweisend verhalten hast. Das hat vermutlich seinen Ehrgeiz angestachelt. Jedenfalls war Clemens auf einmal vollkommen verändert. Er sprach von kaum etwas anderem als von dir.

Begründung, warum die zweite Ehe besser werden muss als die erste

Während es für Clemens schon die zweite Ehe ist, ist es für dich, Franziska, die erste. Vielleicht ist es ganz gut, dass Clemens bereits ein wenig Erfahrung mit dem Eheleben hat. So wird er hoffentlich einige Fehler nicht wiederholen. Zwar sagte Kurt Tucholsky einmal: „Erfahrung heißt gar nichts. Man kann eine Sache auch 35 Jahre schlecht machen", aber dennoch bin ich sicher, dass du es leichter haben wirst als seine erste Frau, denn ein wenig zahmer als damals ist er heute schon.

Tipps für eine gute Ehe

Und dir, alter Freund, kann ich nur eines mit auf den Weg in deine zweite Ehe geben. Denk immer an unseren gemeinsamen Wahlspruch von Hermann Hesse: „Damit das Mögliche entsteht, muss immer wieder das Unmögliche versucht werden." Das Mögliche ist in diesem Fall eine glückliche Ehe; das – zumindest auf den ersten Blick – Unmögliche besteht darin, dich ein wenig im Zaum zu halten, nicht immer nur das zu tun, was du möchtest, sondern häufiger auf deine Frau zu hören und ihre Wünsche zu beachten.

Letzter Tipp für den bereits einmal geschiedenen Ehemann

Zum Schluss noch eine Weisheit des ehemaligen britischen Premierministers Benjamin Disraeli, die vor allem auf dich gemünzt ist, Clemens: „Das Geheimnis des Erfolges ist die Beständigkeit des Ziels." Wenn du also das Ziel nicht aus den Augen verlierst, mit Franziska eine gute Ehe zu führen, und dauerhaft darauf hinarbeitest, wird der Erfolg sich schon einstellen. Dasselbe gilt natürlich auch für dich, Franziska. Lasst uns darum auf euer gemeinsames Ziel anstoßen: Auf dass eure Ehe für euch beide zum Erfolg werde!

Ein „Trauzeuge" spricht zur Wiederverheiratung

Typus	Ansprache
Anlass	Gratulation des Trauzeugen zur Wiederverheiratung
Dauer	ca. 2 Minuten
Stil	heiter, feierlich

Liebe Karin, lieber Gerd,

auch wenn Trauzeugen offiziell seit 1998 nicht mehr nötig sind, um eine Ehe zu beurkunden, freut es mich, dass ihr inoffiziell an dieser Tradition festhaltet. Denn Trauzeuge zu sein, das ist immer eine besondere Ehre, Trauzeuge bei einer Eheschließung zu sein, bei der die Partner zum zweiten Mal heiraten, noch dazu eine große Verantwortung. Schließlich hofft man als Trauzeuge immer, dass die Ehe hält – bei der zweiten Heirat wünscht man sich das natürlich umso mehr. Bei euch beiden habe ich allerdings keine großen Bedenken. Ihr habt euch gesucht und gefunden. Und von Karin bin ich es gewohnt, dass ihr vieles erst im zweiten Anlauf gelingt, dann aber viel besser als den meisten anderen Menschen. Das fing schon damals an, als wir noch Kinder waren: Im Schwimmunterricht sollten wir eine Strecke innerhalb einer bestimmten Zeit zurücklegen. Karin fürchtete von vornherein, sie würde es nicht schaffen. Und tatsächlich: Beim ersten Mal klappte es auch nicht. Jetzt war allerdings Karins Ehrgeiz angestachelt. Sie überredete den Sportlehrer ihr eine zweite Chance zu geben.

Bezugnahme auf die zweite Ehe

Bericht über die Dinge, die dem einen Partner erst im zweiten Anlauf gelangen

Als sie die Strecke nun zurücklegte, erzielte sie die zweitbeste Zeit der ganzen Klasse.

Mit dem Schulabschluss war es ähnlich: Ihre schlechten Noten zwangen Karin dazu, das vorletzte Schuljahr zu wiederholen. Dann aber machte sie einen der besten Schulabschüsse ihrer Klassenstufe.

Zuversichtliche Aussichten für die Zukunft

Ob es wohl mit ihrer zweiten Ehe genauso sein wird? Bei allem, was ich bislang mit Karin erlebt habe, glaube ich ganz fest daran, dass der zweite Versuch erfolgreich sein wird. Und mit dir, Gerd, hat sie den richtigen Partner gefunden. Ihr habt gleiche Vorlieben, fast identische Interessen und einen ähnlichen Humor. Ihr könnt euch über dieselben Dinge freuen, aber auch aufregen. Ihr sendet und empfangt sozusagen auf der gleichen Wellenlänge. Und wie ich Karin kenne, wird sie alles daransetzen, dass ihre zweite Ehe glücklich wird!

Kurze Tisch- und Begrüßungsreden

Toast des Brautvaters

Typus	Toast
Anlass	Heirat der Tochter
Dauer	ca. 1½ Minuten
Stil	amüsant und feierlich zugleich

Liebe Anne, lieber Sven, liebe Freunde,

die Ehe ist wie eine lange Reise. Man fährt voller Freude und Erwartungen los. Doch bald kommen die ersten Schwierigkeiten auf einen zu: Da ist zum Beispiel der Koffer nicht am Urlaubsort angekommen oder das Wetter entspricht nicht den Vorstellungen. Damit der Urlaub dennoch zum Erfolg wird, darf man diese kleineren und größeren Probleme möglichst nicht zu ernst nehmen. Genauso ist es mit der Ehe. Das Zusammenleben, das am Anfang so rosig erschien, wird bei vielen nach und nach zur Gewohnheit und es stellen sich im Alltag Probleme ein, an die man vor der Heirat nie und nimmer gedacht hätte. Nun liegt es an euch, ob diese Schwierigkeiten größer werden oder sich verringern. Mit Humor, Vertrauen und Toleranz dem anderen gegenüber ist es leichter, auftretende Probleme zu überwinden oder ihre Entstehung sogar zu verhindern. Das Wichtigste jedoch ist: Vergesst nie, warum ihr geheiratet habt – aus Liebe. Lasst uns nun darauf anstoßen!

Vergleich der Ehe mit einer Reise

Tipps für eine glückliche Ehe

Toast der Brautmutter

Typus	Toast
Anlass	Heirat der Tochter
Dauer	ca. 1½ Minuten
Stil	fröhlich

Liebe Steffi, lieber Dirk, liebe Gäste,

Kurze Vorstellung der Rednerin traditionell hält zwar der Brautvater eine Festrede zur Hochzeit seiner Tochter, aber bei uns habe ich, die Mutter der Braut, den Part des Redners oder besser der Rednerin übernommen.

Begrüßung der Gäste Liebe Freunde, ich freue ich, dass ihr alle zur Hochzeit von Steffi und Dirk gekommen seid, um gemeinsam mit den beiden ihren neuen Lebensabschnitt zu beginnen. Ihr wisst ja, dass es immer leichter ist, etwas Neues anzufangen, wenn man den Weg nicht ganz allein gehen muss. Und so eine Heirat ist immerhin ein bedeutsamer Schritt …

Wünsche für ein schönes Hochzeitsfest Andererseits ist eine Hochzeit vor allem ein Grund zum Feiern. Und dazu sind wir ja heute hier zusammengekommen. Lasst uns Steffi und Dirk eine Hochzeitsfeier bereiten, die sie nie vergessen werden! Und nun will ich euch auch gar nicht länger auf die Folter spannen, sondern euch viel Spaß und guten Appetit wünschen. Lasst uns jetzt auf Steffi und Dirk anstoßen und darauf, dass ihr gemeinsames Leben genauso schön wird wie diese Hochzeitsfeier.

Toast des Vaters des Bräutigams

Typus	Toast
Anlass	Heirat des Sohnes
Dauer	ca. 1½ Minuten
Stil	heiter

Liebe Carola, lieber Steffen, liebe Freunde,

was bin ich froh – die wilde Zeit unseres Sohnes ist endlich vorüber. Ich danke dir, Carola, dass du Steffen gezähmt hast. Wie du es gemacht hast, weiß ich nicht, aber das müssen Väter ja auch gar nicht wissen.

Stoßseufzer des Vaters

Du, Steffen, scheinst mit deiner Situation jedenfalls überaus zufrieden, wie man unschwer an deinem breiten Grinsen, mit dem du hier am Tisch sitzt, erkennen kann. Und sogar der Ring am Finger scheint dich überhaupt nicht zu stören, obwohl du Heiraten früher immer als absolut „uncool" bezeichnet hast. Tja, mir scheint, die „coolen" Zeiten hast du ein für allemal hinter dich gebracht. Deine Mutter und ich können nun endlich aufatmen und mit dir wieder wie mit einem normalen Menschen reden.

Eingehen auf den Sohn

Wir wünschen euch beiden trotzdem, dass ihr zusammen eine „coole" Zeit habt, dass ihr immer so gut miteinander zurechtkommt wie heute und dass ihr auf keinen Fall euren Sinn für Humor verliert! Zum Wohl!

Wünsche für die Zukunft

Toast der Mutter des Bräutigams

Typus	Toast
Anlass	Heirat des Sohnes
Dauer	ca. 1½ Minuten
Stil	erzählend

Liebe Margit, lieber Thomas,

Zitat zur Liebe zwar hat Robert Lembke einmal gesagt: „Wenn die Menschen sagen, sie hätten ihr Herz verloren, ist es meistens nur der Verstand", doch bei euch beiden habe ich nicht den Eindruck, dass euch der Verstand abhanden gekommen ist. Und das, obwohl ihr glaubhaft gemacht habt, euer Herz aneinander verloren zu haben. Ich gehe einfach davon aus, dass ihr die glorreiche Ausnahme von dieser Regel seid.

Über den Entschluss, zu heiraten Ihr habt euch ja auch Zeit gelassen mit eurer Entscheidung zu heiraten. Das hat mir sehr gefallen, denn so habt ihr beiden erst einmal erprobt, ob ihr überhaupt zueinander passt. Erst als ihr sicher wart, dass ihr auch weiterhin zusammenbleiben wollt, habt ihr den festen Entschluss gefasst, aufs Standesamt zu gehen. Und heute ist es endlich so weit – wir können eure Hochzeit feiern!

Trinkspruch Darum lasst uns alle das Glas erheben und darauf trinken, dass Margit und Thomas ihren Entschluss niemals bereuen und auch in Zukunft so positive Entscheidungen fällen werden wie diese.

Eine Schulfreundin der Braut spricht

Typus	Toast
Anlass	Hochzeit der Schulfreundin
Dauer	ca. 1½ Minuten
Stil	heiter

Liebes Brautpaar,

Sandra und ich waren seit Schulzeiten eine verschworene Gemeinschaft. Sandra, erinnerst du dich noch, wie wir mit gegenseitiger Hilfe unsere Klassenarbeiten gelöst haben? **An bewährte Gemeinschaft wird erinnert**

Du warst immer besser in Fremdsprachen, ich kam mit Mathe besser klar. Aber gemeinsam haben wir dafür gesorgt, dass keine von uns das gehasste Fach nicht schaffte. Manchmal haben wir uns auch selbst eine Freistunde gegeben. Weißt du noch, wie oft wir zu einem spontanen Stadtbummel gestartet sind?

Gemeinsam erlebten wir auch unseren ersten Discobesuch. Unsere Verabredungen mit Jungs haben wir uns natürlich auch brühwarm erzählt. Ja, und ich war wohl auch die Erste, der du von Fabian erzählt hast. Ich muss sagen, gegen ihn verblassen deine Ex-Freunde regelrecht. Du hast eine prima Wahl getroffen – beneidenswert! Aber auch du, lieber Fabian, bekommst nicht nur eine tolle Ehefrau, sondern auch eine klasse Partnerin, mit der du durch dick und dünn gehen kannst. Sei versichert, ich weiß, wovon ich spreche. Ich wünsche euch jedenfalls alles Glück, das man sich nur vorstellen kann. **Glückwünsche für die Zukunft**

Ein Onkel gratuliert

Typus	Toast
Anlass	Hochzeit der Nichte
Dauer	ca. 1½ Minuten
Stil	heiter

Liebes Brautpaar,

Erinnerung an die Kindheit schon als kleines Kind konnte mich die niedliche Sonja um den Finger wickeln. Wie oft entlockte sie mir Süßigkeiten, die ihr eigentlich von der Mutter verboten waren. Doch wer kanns mir verdenken – bei diesem Charme! Lieber Sven, du wirst wissen, wovon ich spreche. Auch dich hat sie um den Finger gewickelt. Aber ich denke, du freust dich darüber genauso wie ich.

Tja, und dann wuchs meine kleine Nichte heran. Und aus dem niedlichen Mädchen wurde eine bildhübsche Frau. Heute kann ich ihr keine Süßigkeiten mehr bieten. Aber dafür meine Unterstützung und die besten Wünsche. Wenn ihr Hilfe braucht, wo ich helfen kann, rechnet auf mich.

Versprechen für die Zukunft Für dich, liebe Sonja, bin ich immer da, wie du weißt. Aber auch wenn Sven einmal Probleme mit dir hat, steht meine Tür jederzeit offen. Ich weiß, dass Sonja gerne dazu neigt, ihren Willen durchzusetzen. Ich werde mich bemühen, mein Urteil in Streitfragen immer gerecht zu fällen.

Ich wünsche euch jedoch, dass ihr meine Hilfe nur sehr selten in Anspruch nehmen müsst. Denn das bedeutet, dass bei euch alles im Lot ist. Darüber hinaus wünsche ich euch alles Gute für eure junge Ehe.

Eine Tante gratuliert

Typus	Toast
Anlass	Hochzeit des Neffen
Dauer	ca. 1 ½ Minuten
Stil	besinnlich

Liebes Brautpaar,

aus Christian, meinem kleinen, süßen Neffen, ist nun ein erwachsener Mann geworden. Ein Mann, der sich entschlossen hat, Verantwortung zu übernehmen. Für seine Frau und später auch für die gemeinsamen Kinder. Die Zeit der Experimente ist nun vorbei. Jetzt ist Familie angesagt. Doch ich bin mir sicher, ihr lasst euch noch genügend Freiraum. Denn jeder hat seine eigenen Interessen. Und das ist auch gut so. Wenn man nur wie die Kletten aneinander hängt, wird eine Beziehung schnell langweilig. Jeder sollte ein wenig Zeit nur für sich und seine Hobbys haben. Wie schön es ist, wenn man dann abends wieder zusammenfindet und sich einiges zu erzählen hat. Und auch wenn einmal Kinder da sind, solltet ihr euch ab und zu Zeit nehmen und ohne Kinder ausgehen. Ich denke, hier sitzen genügend Menschen, die sich als Babysitter prima eignen. Auch ich würde mich freuen, meine Großnichte oder meinen Großneffen einmal bei mir zu beherbergen. So, wie ich es mit dir, lieber Christian früher gemacht habe. Erinnerst du dich noch an unsere Ausflüge oder die gemeinsamen Kinobesuche? Dass du dich bei mir wohl gefühlt hast, hast du immer gezeigt. Dazu brauchte es keiner Worte. Und so, wie ich es damals gespürt habe, merke ich auch heute, wie wohl du

Vom Kind zum erwachsenen Mann ...

Wünsche für die Zukunft

dich bei deiner Lara fühlst. Ihr wirkt, als hättet ihr das Paradies wiedergefunden. Ich wünsche euch beiden, dass dies noch lange so bleibt.

Verabschiedung in die Flitterwochen

Typus	Toast
Anlass	Verabschiedung des Hochzeitspaares
Dauer	ca. 1½ Minuten
Stil	humorvoll

Liebes Brautpaar,

Ironische Ratschläge für das junge Paar

ich weiß nicht, ob ihr euch schon für eine Hochzeitsreise entschieden habt. Hört euch aber auf jeden Fall meine Ratschläge für die schönsten Wochen im Leben an: Denkt daran, lasst euch von den Schwiegereltern ausreichend Reiseschecks oder am besten gleich die Kreditkarte mitgeben. Unter einem Vier-Sterne-Hotel läuft ja wohl gar nichts. Und die Kellner müssen auch reichlich bestochen werden; als Frischvermählte möchte man das Frühstück regelmäßig aufs Zimmer. Vergesst nicht: Geht es auf die Malediven, ist eine Lebensversicherung angebracht. Dort soll es Haie geben. Wir wollen ja nicht, dass ein Ehepartner nach den Flitterwochen völlig mittellos dasteht. Ganz wichtig auch: ein Diktiergerät. Dann könnt ihr eure Dia-Show schon während der Reise ver-

Glückwunsch

tonen. Ich wünsche euch jedenfalls traumhaft schöne Flitterwochen – egal, wohin die Reise geht.

In Reim und Vers

Eröffnet wird ein neues Spiel

Typus	Vortrag
Anlass	Hochzeit naher Freunde
Dauer	ca. 3½ Minuten
Stil	humorvoll

Liebes Hochzeitspaar, werte Hochzeitsgäste!

Ihr habt es jetzt von Amtes wegen
in Schwarz auf Weiß dokumentiert.
Und mit des Staates breitem Segen
seid ihr als Mann und Frau liiert.
Die Ehe gibt die höh're Weihe
dem Herzensbündnis, fest geprägt,
damit das Wagnis auch gedeihe
und euch zu neuen Ufern trägt.

So seid ihr nun im Ehestande;
vorbei Gesetzeslosigkeit!
Doch meine ich – hier mehr am Rande:
Es war dafür auch höchste Zeit!
Denn ewig soll der Mensch nicht warten.
Die Suche wird zur Odyssee.
Nicht besser werden auch die Karten
fürs eheliche Separee.

Die Hochzeit heute soll markieren
den Schlussstrich unter allerlei
Entwicklungsphasen, die passieren
dem Menschen nach dem ersten Schrei.
Ich denke an den Windelnässer,
den Winzling mit dem Doppelkinn,
den nimmersatten Milchbrei-Esser;
so sah man euch von Anbeginn.

Bald kam heran das Trotzkopf-Alter,
das Eltern auf die Nerven geht.
Es folgt dem ersten Federhalter
dann schon alsbald die Pubertät.
Dem Knab, der sich noch nicht gefunden,
der halb noch steckt im Kinderschuh,
wurde die Flegelzeit erfunden.
Die Phase kennt kaum ein Tabu!

Auf unser Mädchen – fast erwachsen –
da wartet schon die Backfischzeit.
Und aus Gekicher mit viel Faxen
erwächst in Schönheit bald die Maid.
Kaum waren diese Jugendstrecken
gut überstanden mit viel Schneid,
begann man euch erneut zu necken
durch eurer Triebe frühe Zeit.

So kam es, dass durch diese Zwänge
mal einmal hier, mal dort probiert,
und dass bei aller Sittenstrenge
man dabei auch das Herz verliert.

Man hatte hier und da Amouren,
„Beziehungskisten" gern genannt.
Auch gab man sich bei solchen Touren
dem Abschnittspartner an die Hand.

Doch auch den ersten wilden Jahren
geht letztendlich die Puste aus.
Man ist nicht mehr ganz unerfahren,
strebt nach solidem Glück im Haus.
Die Ehe ist dann sehr willkommen.
Man sagt sich, es ist an der Zeit!
Dort seid ihr beide angekommen;
die Weiterfahrt sieht euch zu zweit!

Dies Fest ist der Entwicklung Krone,
einstweilen seid ihr nun am Ziel.
Doch auch die Ehe ist nicht „ohne".
Eröffnet wird ein neues Spiel.
Die Heirat bringt euch frische Brise
und neue Hoffnung stellt sich ein.
Es winkt von fern die Midlife-Krise;
auch die will überwunden sein.

Ich wünsche gern für jede Phase,
die euch das Schicksal aufgespart,
Glück und Geschick in hohem Maße.
Das gilt schon für den Ehestart.
Ist die Vermählung nun geschlossen
mit Brief und Siegel – einwanfrei –
wird das Gelingen prompt begossen.
Glückwunsch! Prosit! Ich bin so frei!

Glückwunsch aus Kindermund

Typus	Vortrag
Anlass	Hochzeit von Verwandten oder Bekannten
Dauer	ca. 1½ Minuten
Stil	humorvoll

Liebes Hochzeitspaar, liebe Hochzeitsgäste!

Wir Kinder finden es ganz toll,
wenn froh der Himmel lacht,
und heut ein Brautpaar stimmungsvoll
so festlich Hochzeit macht.
Ringsum herrscht eitel Fröhlichkeit.
Die Braut trägt weiße Pracht:
Sie hat ein wunderschönes Kleid,
das ich mir gern betracht!

Wenn man viel heit're Reden schwingt
und trinkt aufs junge Glück,
wenn fröhlich die Musik erklingt,
denk ich schon an das Stück,
das von der Hochzeitstorte bald
auf meinem Teller winkt,
und das man ohne jeden Halt
dann ratzeputz verschlingt.

Das ist der Kinder größte Freud,
es kommt uns sehr zupass.

So haben auch wir kleinen Leut
teil an dem Hochzeitsspaß.
Gern sag ich hiermit meinen Dank
und wünsch dem Paar viel Glück!
Habt so viel Freude lebenslang
wie ich am Tortenstück.

Trinksprüche

Typus	Toast/Vortrag
Anlass	Toast auf der Hochzeitsfeier
Dauer	jeweils ca. $\frac{1}{2}$ Minuten
Stil	humorvoll

Es beginnt ein flotter Zweier

Die Gläser hoch, Ihr lieben Leute!
Nicht jeder Tag ist schön wie heute;
wenn mit der heut'gen Hochzeitsfeier
bejubelt wird ein flotter Zweier,
den ihr, von Liebe angetrieben,
habt für das Leben unterschrieben.
Dem Paar viel Freuden, wenig Sorgen
und Fröhlichkeit an jedem Morgen!
Die Braut erweise sich als Engel
und er nicht als ein Lausebengel.
Auf dass wir einst – es ist zu gönnen –
als Jubelpaar euch feiern können!

Prosit!

Am schönsten ist der Hochzeitstag

Was euch im Leben auch beschieden
auf diesem Erdenball hinieden,
was immer auch geschehen mag,
das Schönste bleibt der Hochzeitstag!
Wir stoßen an aufs Eheleben!
Ihr sollt im siebten Himmel schweben!

Sonnenschein an allen Tagen

Gott Amor, der hat zugeschlagen,
drum wollen zwei die Ehe wagen.
Der Ring verbindet jetzt die beiden;
ein schmuckes Paar – sehr zu beneiden!
Wir wünschen euch an allen Tagen
viel Sonnenschein und Wohlbehagen!
Der Schluck vom Glas soll nun begießen,
dass eurer Träume Blüten sprießen!

Wer das große Los gewinnt

Die Ehe ist wie Lottospiel;
das große Los ist aller Ziel!
Doch wer nicht wagt, der nicht gewinnt;
manch Chance ungenutzt zerrinnt.
Denn Abstinenz in solchen Dingen
lässt nie den Glückstreffer erringen.
Drum prosten wir nun virtuos,
dass ihr es habt, das große Los!

Module, Zitate und Gedichte

Auf den folgenden Seiten wollen wir Ihnen einige Anregungen und Textbausteine geben, die Sie in Ihre Ansprache auf der Hochzeitsfeier einbeziehen können. Module, die Sie als Aufhänger und Einleitung benutzen können, Module für einen wirkungsvollen Schluss und schließlich Zitate und Gedichte, die sich mit dem Thema Hochzeit beschäftigen.

Aufhänger und Einleitung

Die schwerste Aufgabe der Frau besteht bekanntlich darin, dem Manne ihrer Wahl klarzumachen, dass er ernste Absichten hat. Dörte hat diese Aufgabe glänzend gelöst – sonst säßen wir jetzt nicht hier beisammen – auch wenn es eine Reihe von Jahren gedauert hat. Nur Frauen verstehen es, so zu führen, dass der Mann glaube, es ginge nach seinem Willen. Lieber Markus, glaub das nur auch weiterhin und vertrau dich Dörtes Führung an.

✻

Es gibt bekanntlich Warner und Mahner, die können nicht genug vor den Gefahren der Ehe warnen. Die einen verballhornen Schillers Vers und meinen „Drum prüfe, wer sich ewig bindet,/ ob sich nicht noch was Bessres findet", die anderen halten sich an die Volksweisheit: „Die meisten Verlöbnisse enden glücklich.

Nur wenige führen in die Ehe." Katharina und Sebastian gehören offenbar zu den Unbelehrbaren, die sich von solcherlei Volksweisheiten nicht abhalten ließen und den Gang zum Standesamt wagten.

✳

„Die Ehe ist für die zwanziger Jahre ein nötiges, für die dreißiger ein nützliches aber nicht nötiges Institut: für das spätere Leben wird sie oft schädlich und befördert die geistige Rückbildung des Mannes." Dieser vollendete Schwachsinn stammt von Friedrich Nietzsche, der sein Leben lang unverheiratet blieb und am Ende den Verstand verlor. Ein schönes Exempel auf die eigene Theorie! Hieraus ist zumindest eines zu lernen: Man soll kurzsichtigen deutschen Philosophen in Eheangelegenheiten nicht trauen. Was zu tun ihr ohnehin nicht die Absicht hattet …

✳

Als Goethe seine Christiane heiratete, hatten beide schon 18 Jahre „wilder Ehe" hinter sich. Ihre Eheschließung vollzog sich unter dem Pulverdampf der Schlacht von Jena und Auerstedt. Es muss aber nicht immer erst das Schlimmste passieren – Krieg, Invasion, Plünderung – bis sich zwei zur Ehe entschließen. Ihre beide, Karin und Matthias, habt zwar auch eine ganze Weile gebraucht, bis ihr euch zur Heirat entschlossen habt. Aber euer Entschluss kam, wenn ich nicht irre, unter weniger dramatischen Umständen zustande.

Schluss

„Im Ehestand muss man sich manchmal streiten, denn dadurch erfährt man was voneinander", lässt Goethe in den *Wahlverwandtschaften* sagen. Gut, wenn er keine andere Möglichkeit seht, etwas voneinander zu erfahren, müsst ihr euch halt streiten. Dass es noch eine durchaus lustvollere Methode gibt, darüber brauche ich euch nicht zu belehren. Vielmehr lasst mich mit euch auf das Gelingen eurer Ehe anstoßen!

*

Alle, die etwas von der Ehe verstehen, betonen gleich zu Anfang, dass es ohne Streit nicht abgehen werde. Ich bin nicht dieser Meinung. Wenn auch der alte Spötter Lichtenberg behauptet: „Eine Ehe ohne Würze *kleiner* Misshelligkeiten wäre fast so was wie ein Gedicht ohne R", so legt er doch selbst die Betonung auf das *Kleine* der Misshelligkeiten. Und da ich mich auf keine Diskussion darüber einlassen will, welche Qualität ein Gedicht haben kann, in dem kein R vorkommt, wünsche ich euch Glück auf allen Wegen und dass alles Negative, was euch begegnet, so klein wie möglich bleiben möge.

*

Zwar hat Freidank vor fast 800 Jahren gereimt: „Merket, wie die Welt nun stehe,/selten sieht man gute Ehe." Doch seither ist ja auch allerhand Zeit verflossen. Und immer wieder haben mutige Paare versucht, den Gegenbeweis anzutreten – einige mit Erfolg. Zu diesen mutigen Paaren zählen ab heute auch Sandra und Yannik. Lasst euch dafür viel Erfolg wünschen!

Von dem französischen Dramatiker Jean Genet stammt der Satz: „Ehe ist legalisierte Einsamkeit zu zweit." Ich habe am Beispiel dieses wunderbaren Paares, das sich heute das Jawort gegeben hat, bewiesen, dass Jean Genet unrecht hatte. Darauf wollen wir trinken!

Zitate

Die Frau, die ihren Mann nicht beeinflussen kann, ist ein Gänschen, Die Frau, die ihn nicht beeinflussen will – eine Heilige.
Marie Freifrau von Ebner-Eschenbach

Ehe ist legalisierte Einsamkeit zu zweit.
Jean Genet

Die Hochzeit hat die Entführung nur deshalb abgelöst, weil niemand gern auf Geschenke verzichtet.
Mark Twain

Viele Männer heiraten, um eine bestimmte Frau zu vergessen. Dann laufen sie anderen Frauen nach, um die Frau zu vergessen, die sie geheiratet haben.
Lady Astor

Heirate oder heirate nicht. Du wirst beides bereuen.
Sokrates

Die Heirat ist die einzige lebenslängliche Verurteilung, bei der man aufgrund schlechter Führung begnadigt werden kann.
Alfred Hitchcock

Man heißt die Ehen gut, erstens, weil man sie noch nicht kennt, zweitens weil man sich an sie gewöhnt hat, drittens weil man sie geschlossen hat, – das heißt fast in allen Fällen. Und doch ist damit nichts für die Güte der Ehe überhaupt bewiesen.
Friedrich Nietzsche

Die Hochzeit ist eine Landung, die wie ein Start aussieht.
Paul Hubschmid, Schauspieler

Eine von den Haupt-Konvenienzen der Ehe ist die, einen Besuch, den man nicht ausstehen kann, zu seiner Frau zu weisen.
Georg Christoph Lichtenberg

Die Ehe ist der Anfang und der Gipfel aller Kultur. Sie macht den Rohen mild, und der Gebildeste hat keine bessere Gelegenheit, seine Milde zu beweisen.
Johann Wolfgang von Goethe, Wahlverwandtschaften

In der Komödie sehen wir eine Heirat als das letzte Ziel eines durch die Hindernisse mehrerer Akte verschobenen Wunsches, und im Augenblick, da es erreicht ist, fällt der Vorhang, und die momentane Befriedigung klingt bei uns nach. In der Welt ist es anders; da wird hinten immer fortgespielt, und wenn der Vorhang

wieder aufgeht, mag man gern nichts weiter davon sehen noch hören.
Johann Wolfgang von Goethe, Wahlverwandtschaften

Heiraten, das heißt, Nachtigallen zu Hausvögeln zu machen.
Christian Friedrich Grabbe

Ich habe geheiratet, weil es gerade nichts Spannendes im Fernsehen gab.
Bette Midler, amerikanische Schauspielerin

Ob zwei Leute gut getan haben, einander zu heiraten, kann man bei ihrer silbernen Hochzeit noch nicht wissen.
Marie Freifrau von Ebner-Eschenbach

Nur selten wird eine Hochzeit gemacht,
dass dabei nicht eine neue erdacht.
Sprichwort

An Hochzeiten und Beerdigungen fällt es schwer, richtige Antworten zu geben.
Aus China

Gedichte

Auf eine Hochzeit

Was kann und soll ich euch zu diesem neuen Leben.
das ihr mit aller Treu itzt wollet wohl anheben,
vor ein Geschenke tun, das Gott und euch und mir
recht angenehme sei? Mir ist nichts übrig hier
als ein beherzter Wunsch, den Gott für alle Gaben,
für allen Reichtümern ihm will geschenket haben,
und ihr seid auch vergnügt. Gott helfe, dass der Bund,
den ihr, ihr liebes Paar, durch Wunsch, durch Hand,
                        durch Mund
bekräftigt und vollbracht, euch ewig möge nützen,
ein Schild für Unfall sein, vor allem Übel schützen,
das sonst den Einsamen zuhanden stoßen pflegt
und sie zu vieler Angst und Kümmernis bewegt!
Lebt frisch, lebt fruchtbarlich, lebt selig, wie ihr lebet!
Dies ist mein höchster Wunsch, den ihr euch selbsten
                        gebet.

Paul Fleming

Vater und Tochter über das Heiraten

Vater und Tochter über das Heiraten
Ja, Lieschen, freien ist wohl gut,
sprach Vater Kunz, doch besser tut,
wer gar nicht freit! – So eil ich dann
das Gute tun, fing Lieschen an,
das Bessre tue, wer es kann!
Johann Konrad von Einem

Hochzeitswunsch

Seid glücklich hier und dort; seid selig denn gepreist,
ihr, die man heute Braut und Bräutigam euch heißt!
Seid morgen Mann und Frau, seid Eltern übers Jahr;
so habt ihr denn erlangt, was zu erlangen war.
Friedrich von Logau

Hochzeitswunsch (Ein andrer)

Teures Paar, des Glückes Neid
muss euch nimmermehr versehren,
und die Macht der Sterblichkeit
schade nimmer euren Ehren.
Gebe Gott, dass übers Jahr
in der Mutter Armen lache
das, was euch, o edles Paar,
nach dem Tode lebend mache.
Friedrich von Logau

Ein Püppchen wünsch ich dir, doch wahrlich nicht
zur Schwester,
nicht groß, nicht klein, nicht mager und nicht dick,
ihr Kleid aus Evas Himmlischem Manchester,
Beinkleiderchen und West aus einem Stück.
Georg Christoph Lichtenberg

An Frau Rebekka

Ich habe dich geliebet und ich will dich lieben,
solang du goldner Engel bist;
in diesem wüsten Lande hier und drüben
im Lande, wo es besser ist.
Ich will nicht von dir sagen, will nicht von dir singen;
was soll uns Loblied und Gedicht?
Doch muss ich heut der Wahrheit Zeugnis bringen,
denn unerkenntlich bin ich nicht.
Ich danke dir mein Wohl, mein Glück in diesem Leben
Ich war wohl klug, dass ich dich fand;
doch ich fand nicht. Gott hat dich mir gegeben;
so segnet keine andre Hand.
Matthias Claudius

Warnung vor der Ehe

Sie hat nichts und du desgleichen;
dennoch wollt ihr, wie ich sehe,
zu dem Bund der heil'gen Ehe
euch bereits die Hände reichen.
Kinder, seid ihr denn bei Sinnen?
Überlegt euch das Kapitel!
Ohne die gehör'gen Mittel
soll man keinen Krieg beginnen.
Wilhelm Busch

Selig sind die Auserwählten

Selig sind die Auserwählten,
die sich liebten und vermählten;
denn sie tragen hübsche Früchte.
Und so wuchert die Geschichte
sichtbarlich von Ort zu Ort.
Doch die braven Junggesellen,
Jungfern ohne Ehestellen,
welche ohne Leibeserben
so als Blattgewächse sterben,
pflanzen sich als Knollen fort.
Wilhelm Busch

Hochzeitsgeschenk

Es kommt der Lenz mit dem Hochzeitsgeschenk,
mit Jubel und Musizieren,
das Bräutchen und den Bräutigam
kommt er zu gratulieren.
Er bringt Jasmin und Röselein
und Veilchen und duftige Kräutchen
und Sellerie für den Bräutigam
und Spargel für das Bräutchen.
Heinrich Heine